Mi Ideal Personal

Cuaderno de Trabajo, 4ta Edición
Ronald R. Rojas

authorHOUSE

AuthorHouse™
1663 Liberty Drive
Bloomington, IN 47403
www.authorhouse.com
Teléfono: 833-262-8899

Publicada por AuthorHouse 03/30/2021

ISBN: 978-1-6655-2140-6 (sc)
ISBN: 978-1-6655-2139-0 (e)

Library of Congress Control Number: 2021906642

Prólogo a la cuarta edición

Para comenzar, tengo que reconocer que ya desde el 1968 una de las influencias pedagógicas más profundas del Padre José Kentenich (Fundador de la Obra de Schoenstatt) en mi vida ha sido el Ideal Personal. Diría con plena convicción, que por las mediaciones del Padre Guillermo Esters y el Diácono Jesús M. Pagán, el Ideal Personal ha sido la manera en que el Padre Fundador ha tocado mi corazón y produjo la chispa que encendió el amor a Virgen María y a la misión de Schoenstatt.

Ya algunos años después como estudiante universitario, tuve el atrevimiento de componer la edición original de este panfleto sobre el Ideal Personal. En aquella ocasión sirvió como inspiración y determinación para toda una generación de juventud universitaria para el Movimiento Apostólico de Schoenstatt en Puerto Rico. Desde entonces el interés en el Ideal Personal ha sido como una estrella conductora en mi desarrollo interior personal y en la actividad como educador (formador) de laicos, seminaristas, y del clero.

En particular es con una combinación de júbilo y esperanza que finalizo y someto a publicación esta cuarta edición del cuaderno de Mi Ideal Personal. Digo que es un momento de júbilo porque a través de las pasadas décadas y en sus ediciones anteriores este panfleto ha servido de recurso para enriquecer el alma de muchas personas, en particular a miembros y dirigentes pertenecientes al Movimiento Apostólico de Schoenstatt en Puerto Rico, y más recientemente, a los Madrugadores y a los miembros de Schoenstatt Tampa Bay. La tercera edición se publicó en el 2010 y fue diseminado como recurso para talleres, retiros y conversaciones individuales. Es una gran esperanza que, a partir del 2021 y en medio de las tinieblas de una pandemia, nuevamente este cuaderno de trabajo continúe con su objetivo de facilitar el descubrimiento, la realización, y la profundización del Ideal Personal en muchas más personas dentro y fuera del movimiento de Schoenstatt.

Hay varios cambios significativos que responden a las necesidades observadas en los pasados diez años desde la publicación de la tercera edición. Primero, esta edición se construye por medio de una serie de talleres que permite tres modalidades de aprendizaje. La primera modalidad es la autoeducación independiente, donde una persona puede usar el cuaderno como recurso en privado, con mínima asistencia de otros para el descubrimiento y realización del Ideal Personal. La segunda modalidad es en forma de taller o retiro donde se puede seleccionar sólo algunos de los talleres como recurso para promover la pedagogía de ideales y motivar a buscar o profundizar en el Ideal Personal. Esta modalidad es apreciable particularmente para aquellos que buscan profundizar en el conocimiento que ya tienen sobre su Ideal Personal. La tercera modalidad incluye un formato más estructurado donde un grupo de personas—acompañado de un facilitador—camina paso a paso, de taller en taller, mes tras mes, hasta que cada persona llegue a una formulación de su Ideal Personal.

La estructura del cuaderno también ha cambiado. Las ediciones anteriores fueron creadas como capítulos de un libro, mientras que esta edición provee una serie de talleres donde cada uno comienza con un contenido, exige una tarea, y termina con varias preguntas de discusión. En el caso del modo de formación en grupo, estos últimos dos elementos—tarea y discusión— permiten al facilitador una evaluación informal del aprovechamiento, un espacio para aclarar dudas, y una oportunidad para proveer una conducción con mayor enfoque en lo práctico.

Tradicionalmente el Ideal Personal se presenta en dos dimensiones, la del ser y el hacer. No obstante, en este cuaderno se presenta el Ideal Personal en tres dimensiones: el ser, el hacer, y el pertenecer. Según se describe con detalle en el Taller 3 sobre la Teología de la Persona, estas dimensiones responden a la definición de "persona" como "en-relación-con-otro." Esta definición posee una dimensión que define el ser mediante la *Imago Dei* (¿Quién soy), con una dimensión de misión por la *Imago Christi* (¿Cuál es mi vocación?), y una dimensión comunitaria a raíz de la *Imago Trinitatis* (¿A quién pertenezco?). Estas dimensiones de la persona son también el fundamento teológico para definir las dimensiones del Ideal Personal: el ser (¿Quién soy), el hacer (¿Cuál es mi vocación?), y el pertenecer (¿A quién pertenezco?). La tercera dimensión del Ideal Personal pone énfasis en que la misión y la realización están al servicio de otros, pero dentro de una comunidad específica (los grupos de formación). Así la plenitud de la definición de "persona" como "en-relación-con-otro" se realiza en el ser, en tarea, y en una comunidad.

Me doy cuenta de que la cantidad de material, recursos, y experiencias adquiridas en los pasados diez años desde la 3ra edición ha llegado a un punto que exceden lo que puedo incluir en este cuaderno de trabajo. Inclusive, hay materiales y dinámicas de la tercera edición que, aunque siguen siendo valiosas y aún siguen disponibles, quedaron fuera de esta cuarta edición. Es más, estuve inclinado a posponer la publicación de esta edición para añadir estos materiales, pero dos factores hacen que cambiara de parecer y publicara esta 4ta edición lo antes posible. El primer factor es la urgencia de contribuir como recurso disponible sobre el Ideal Personal. En los últimos años (2017-2020), el interés general en descubrir y realizar el Ideal Personal ha sido tanto que me encuentro ofreciendo retiros, reflexiones, y cursos casi todos los meses y con pocos recursos publicados para ofrecer un merecido seguimiento a los que comenzaron el proceso. Solo estaba disponible la 3ra edición con su formato y contenido mejor adaptado a tiempos pasados. Hacía falta algo más actualizado. No puedo evitar pensar que, de alguna manera, la ola reciente de interés en el Ideal Personal ha tomado más auge a consecuencia de la pandemia. El segundo factor es que mis esfuerzos investigativos continúan y en algún punto es necesario detenerme y publicar.

Aprovecho para reconocer la colaboración de varias personas en la elaboración y refinamiento del manuscrito, especialmente a Maiella y José Arbelo, Amarilys y Carlos Figueroa, Marta González Guzmán, y la Hna. Nancy Arroyo. Igualmente aprecio el esmero y las correcciones al manuscrito realizadas por Luz Isabel Rojas, mi esposa y compañera de toda la vida.

Finalmente, esta edición también responde a una necesidad que surge del interés generado en Schoenstatt Tampa Bay, donde la mayor parte de las actividades formativas se llevan a cabo en forma bilingüe, en inglés y español. El atender esta necesidad me ha motivado a traducir este cuaderno de trabajo al idioma inglés para así ampliar los recursos disponibles para trabajar con el Ideal Personal. Hay que apuntar que muchas de las traducciones del inglés al español y del español al inglés contenidas en estos talleres son míos propios y son preliminares. Así también vale notar que las citas bíblicas usadas provienen de traducciones que mejor alinean con los conceptos del Ideal Personal. De seguro serán mejoras para la próxima edición, Dios mediante.

Pido a la Madre Tres Veces Admirable de Schoenstatt y a nuestro Padre y Fundador que continúen apoyándonos en nuestra formación hacia el Hombre Nuevo y la Nueva Comunidad.

Dado el 25 de marzo del 2021 en la Anunciación del Señor.

Diácono (Dr.) Ronald R. Rojas
diaconorojas@gmail.com

INSTITUTO PEDAGÓGICO PADRE JOSÉ KENTENICH

La Junta Directiva del Instituto Pedagógico Padre José Kentenich (IPPJK) unánimemente endosa con beneplácito el cuaderno didáctico MI IDEAL PERSONAL redactado por el Diácono Ronald Rojas. En esta Manual se destaca el valor espiritual y la raíz teológica del ideal personal como providencia divina regalada a cada persona.

Surge con diáfana claridad el ideal personal como valor antropológico que presta identidad y fomenta la auto estima de cada individuo, lo cual no es asunto menor en una época de crisis de personalidad tan difundida en múltiples culturas.

A su vez la formación pedagógica inspirada en el ideal personal cuenta con una meta y pautas conducentes a la plena realización de la persona en su trayectoria vital.

Si bien el contenido en si del Cuaderno no se centra en responder a cuestiones culturales a la luz del pensamiento del Padre José Kentenich, su temática contribuye a la formación de las personas ,según la pedagogía y psicología pastoral del Padre Kentenich, como garantes y agentes de precisamente las respuestas y transformaciones cultural así, el IPPJK recomienda el cuaderno como texto de referencia o como manual para la conducción de la preparación ascética bajo la dirección propia del Movimiento Apostólico de Schoenstatt.

Elena Lugo

Elena Lugo, ISSM, PhD
Presidenta
Instituto Pedagógico Padre José Kentenich (IPPJK)

Tabla de contenido

Taller 1
Introducción al
Ideal Personal

"¡Si eres lo que deberías ser, incendiarás todo el mundo!"
Santa Caterina de Siena

Taller 1. Introducción al Ideal Personal

Este cuaderno de trabajo está diseñado como recurso para facilitar la investigación, el descubrimiento, la realización, y la profundización de lo que en Schoenstatt llamamos el Ideal Personal. Consiste en una serie de talleres que paso a paso guía este proceso en el contexto de la autoeducación. Cada taller tiene una porción de contenido teórico, una tarea y preguntas de discusión. Cada taller es conducido por un facilitador, quien modera las discusiones, aclara material, y a quien se le envían las tareas que permitirán al facilitador evaluar el progreso de cada participante.

Antes de comenzar con este proyecto de descubrimiento y realización del Ideal Personal, es necesario discutir algunas predisposiciones y advertencias:

1. Presume conocimiento de la <u>espiritualidad de Schoenstatt</u>. El Ideal Personal está firmemente entretejido con las dimensiones de la espiritualidad de Schoenstatt. Esta interacción entre Ideal Personal y vida cotidiana concretiza la Instrumentalidad Mariana, se nutre de la Fe Práctica en la Divina Providencia, se fortalece mediante la Alianza de Amor con María y culmina en la Santidad de la Vida Diaria. El ímpetu o la fuerza de su realización está en la Alianza de Amor con María. La orientación y trayectoria la provee la Fe Práctica en la Divina Providencia. La tarea consiste en ser instrumento de María, y el objetivo final del Ideal Personal es la santificación de la vida diaria y la salvación. La dinámica entre ideal, discernimiento y vida es integral a nuestra espiritualidad original y se efectúa mediante los medios ascéticos del propósito particular, control por escrito, y examen de conciencia. Aunque no es necesario el hábito y experiencia de todos los recursos ascéticos de la espiritualidad de Schoenstatt, hay que recordar que el Ideal Personal forma parte y es plataforma de su pedagogía y espiritualidad.

2. Descubrir con cierta claridad que el Ideal Personal es casi siempre un <u>largo proceso</u> (se estima que unos 12-18 meses). Requiere investigación a lo largo de múltiples dimensiones de la vida, la validación de descubrimientos, la integración de los descubrimientos válidos en una frase que resume el Ideal Personal y el diálogo con Dios, muchas veces mediante formas de oración que van más allá de las actuales. La realización y la profundización del Ideal Personal será un proceso de toda la vida. La *realización* significa alinear la vida con lo que se conoce ya del Ideal Personal mediante la autoeducación. La *profundización* se refiere al esfuerzo continuo de investigar con más claridad el propio "ser", "hacer" y "pertenecer" creado por Dios.

3. Tener eventualmente una frase corta que resuma el Ideal Personal <u>siempre será una aproximación</u>, pero siempre valiosa. Tener a la mano una noción del Ideal Personal—aunque de modo imperfecto— es un logro significativo. Sin embargo, ha de esperarse

que mientras continúen los procesos de maduración como persona, esa maduración también se vea reflejado en la frase seleccionada para el Ideal Personal. En otras palabras, la frase seleccionada seguirá refinándose en palabras y sentido en proporción directa al crecimiento espiritual. En efecto, la frase del Ideal Personal es el comienzo de una reorientación de toda la vida hacia una dirección más definitiva y certera hacia el corazón de Dios mismo. Tener a mano el Ideal Personal no es garantía de santidad, sino un camino a tomar libremente en la continuidad de la vida cotidiana iluminada por la razón del ser creado, aún sujeto a luces y sombras.

4. La efectividad de los talleres es función de cuan serio es el compromiso personal con la autoeducación. El Ideal Personal como criterio primordial de vida significa que el ideal ilumina el estilo de vida y las decisiones de la vida, y para lograrlo, es necesario enfatizar la autoeducación. La autoeducación es un arte, es un imperativo en Schoenstatt, presente ya desde el Acta de Pre-Fundación y se logra mediante el camino de la práctica. Tener ya prácticas establecidas de autoformación sirven de fundamento para que el ideal—una vez descubierto—no quede solo en teoría, sino que se vaya haciendo realidad en la vida cotidiana (estudio y vida). Poseer el deseo y la voluntad de formar y reformar es esencial.

5. Una aceleración puede causar confusión en el proceso de descubrimiento. Forzar el proceso de descubrimiento casi siempre termina en confusión y frustración. Si el Ideal Personal va a convertirse en la forma en que se va a orientar toda la vida, más vale ir con calma y cuidado, a paso lento pero firme. Sin duda, el descubrimiento, la realización y la profundización del Ideal Personal se atiene con más confianza si se respetan los procesos de manera orgánica. Esto es, siguiendo los ritmos naturales (no forzados) de crecimiento natural y espiritual.

6. El descubrimiento, la realización, y la profundización del Ideal Personal va a requerir destrezas de discernimiento. El Papa Francisco dice que "...discernir supone aprender a escuchar lo que el Espíritu quiere decirnos" y si lo pedimos y escuchamos, el Espíritu nos abre los ojos para que vayamos develando la razón por la cual Dios nos creó. Específicamente, discernimiento es un "instrumento para distinguir," y en nuestro caso, los deseos y planes de Dios. Discernimiento por definición está relacionado con el juicio correcto, con la habilidad de distinguir y comprender. La palabra que se usa mucho es perspicaz, o el poder percatarse de cosas que pasan inadvertidas para los demás. En inglés, perspicaz significa *being insightful.*" Discernimiento es un juego de fe y amor. Es primordialmente una dinámica del corazón y no un proceso puramente teórico o racional. Discernimiento es una experiencia de Amor. Los que hemos sellado la Alianza de Amor con la Santísima Virgen entendemos discernimiento en un contexto amoroso (Fe Práctica en la Divina Providencia) y en los "momentos de gracia" recibidos que muchas veces desafían y contradicen los caminos de la pura razón.

7. El Ideal Personal apunta hacia la <u>vocación personal</u>. Esta predisposición apunta a una confusión común sobre la palabra "vocación". Hablar de vocación es mucho más que simplemente un llamado a pertenecer a un orden religioso, instituto secular o congregación o el llamado a una ocupación vocacional o profesión como lo presenta la perspectiva secular. La vocación dentro del contexto y la intención del Ideal Personal se refiere a la forma más profunda, auténtica y más íntima de identidad. La vocación no es sólo una filosofía de vida ni una misión en la vida, sino algo que define a cada uno de nosotros como personas únicas. Esencialmente, la vocación como llamada divina es un fundamento ontológico (estudio de la razón de ser), de la identidad personal (ser), el hacer (misión), y el pertenecer (comunidad) que son los tres componentes del Ideal Personal.

8. Llevar el <u>proceso por escrito</u>. La complejidad del proceso es manejable cuando se lleva a cabo por escrito. Según van progresando los talleres, son muchas las partes de la propia personalidad y vida que estarán sujetas a investigación. A esas partes hay que añadirle las intuiciones personales, observaciones valiosas de otras fuentes, los momentos de validación, y las inspiraciones o "susurros divinos." Como si fuera poco, también hay que determinar los hilos comunes a todas estas partes, porque en esos hilos comunes está el Ideal Personal. Ya sea en forma de papel (diario, libreta, tarjetas) o electrónico (blog), llevar el proceso por escrito ayuda a conservar detalles que pueden apuntar a descubrimientos y conexiones más profundas. Además, tener notas o apuntes provee recordatorios de aspectos que permanecen inciertos y requieren tiempo para resolverse. La notas o apuntes también sirven como punto de partida para evaluar el grado de crecimiento a través de los años.

9. <u>Continuidad es esencial</u>. Los talleres están ordenados en una secuencia lógica donde un taller construye sobre el otro y donde las preguntas de discusión entrelazan con temas anteriores. Por tanto, seguir el orden de los talleres es particularmente importante cuando la formación sobre el Ideal Personal es en grupo. Así, el contexto de las variadas experiencias y preguntas de los participantes sigue al mismo ritmo. Si alguien se ausenta de uno o varios de los talleres, se sentirá como alguien que llega tarde al teatro y la obra o la película ya comenzó. Claro que se comprende lo que ocurre en la película o la obra, pero uno queda con la sensación de que falta algo, de que eventos anteriores eran necesarios para comprender mejor las escenas futuras. Algo así ocurre con este proyecto. Si alguien se ausenta a uno de los talleres, se puede pedir al grupo que lo resuma en sus propias palabras. Eso permitirá ponerse al día con el material y a la vez, sirve como evaluación para establecer cuan bien el grupo ha captado el material.

10. <u>La tentación de leer más adelante</u>. Es inevitable la tentación de mirar el material de los futuros talleres contenidos en el cuaderno de trabajo. Sin embargo, es buena práctica evitar leerlos y estudiarlos en detalle. Al ver la cantidad de trabajo que requiere cada taller, puede ser abrumador y frustrante. Por eso, es mejor trabajar en detalle cada taller

siguiendo el orden establecido. Hay que recordar que este proceso puede tomar de 12-18 meses en completarse. En realidad, aún habiendo descubierto el Ideal Personal, todavía falta el resto de la vida como oportunidad para libremente realizar el ideal.

Tarea para este Taller:

Uno de los aspectos más importantes de este proceso es la utilización del tiempo. Cuando hay tiempo limitado, la tendencia es tratar de hacer la mayor cantidad posible de temas en el mínimo tiempo. Sin embargo, esto puede ser perjudicial al proceso de descubrimiento.

La tarea para este taller es preparar un plan de trabajo donde se fijan las fechas de los próximos talleres o sesiones.

Preguntas de discusión:

1. ¿Cuál es la más fácil de las predisposiciones y advertencias presentadas en este taller? ¿Cuál es la más difícil?

2. Discernimiento es una destreza clave para el descubrimiento del Ideal Personal. En tus propias palabras, ¿qué es discernimiento? ¿De qué manera el discernimiento está asociado a la Fe Práctica en la Divina Providencia?

3. Llevar el proceso por escrito ayuda a conservar detalles que pueden apuntar a descubrimientos y conexiones más profundas. ¿Cuál forma escrita has seleccionado para comenzar este proceso de investigación y descubrimiento? (diario, libreta, tarjetas o, "blog").

Taller 2
La Perspectiva Secular

"Tu visión devendrá más clara solamente cuando mires dentro de ti corazón... Aquel que mira afuera, sueña. Quien mira es su interior, despierta."

Carl Gustav Jung

Taller 2. La Perspectiva Secular

En el primer taller de este cuaderno de trabajo se presenta un resumen de lo que está sucediendo en la esfera secular respecto a temas de lo que el Padre José Kentenich describe como Ideal Personal. Es posible que ya hayas notado la cantidad de libros y material de autoayuda o automejora disponibles comercialmente. Tal vez incluso tengas uno o dos de éstos en tu biblioteca personal que sirvieron como un comienzo para el descubrimiento de tu propio Ideal Personal. Aunque atractiva, la visión secular sobre este tema tiene una perspectiva limitada de la importancia de la religión y la espiritualidad en la identidad propia mientras que nuestra visión católica tiene el reino espiritual como punto de partida.

El punto de vista secular sostiene que la identidad es construida por la propia persona, mientras que el enfoque religioso es que Dios crea a cada persona como un acto de amor. La identidad secular, autoconstruida, es el *Yo Inventado*. La identidad que proviene de lo divino es el *Yo Creado*. En la práctica los dos "Yo" existen simultáneamente, uno enredado en el otro. Uno de los primeros pasos para descubrir el Ideal Personal a partir de la perspectiva secular es reconocer la necesidad de desenredar elementos entre el Yo Inventado del Yo Creado. La tabla que sigue a continuación compara estas dos perspectivas y la gráfica en el centro ilustra el enredo de las perspectivas:

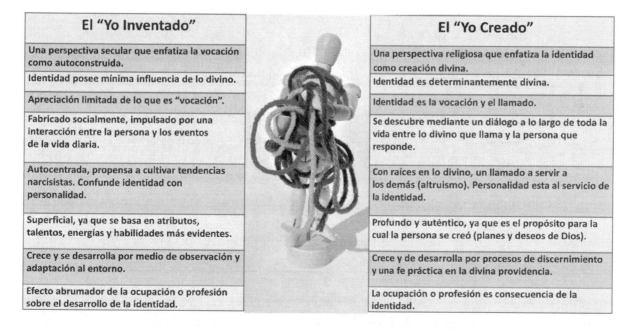

El "Yo Inventado"	El "Yo Creado"
Una perspectiva secular que enfatiza la vocación como autoconstruida.	Una perspectiva religiosa que enfatiza la identidad como creación divina.
Identidad posee mínima influencia de lo divino.	Identidad es determinantemente divina.
Apreciación limitada de lo que es "vocación".	Identidad es la vocación y el llamado.
Fabricado socialmente, impulsado por una interacción entre la persona y los eventos de la vida diaria.	Se descubre mediante un diálogo a lo largo de toda la vida entre lo divino que llama y la persona que responde.
Autocentrada, propensa a cultivar tendencias narcisistas. Confunde identidad con personalidad.	Con raíces en lo divino, un llamado a servir a los demás (altruismo). Personalidad esta al servicio de la identidad.
Superficial, ya que se basa en atributos, talentos, energías y habilidades más evidentes.	Profundo y auténtico, ya que es el propósito para la cual la persona se creó (planes y deseos de Dios).
Crece y se desarrolla por medio de observación y adaptación al entorno.	Crece y de desarrolla por procesos de discernimiento y una fe práctica en la divina providencia.
Efecto abrumador de la ocupación o profesión sobre el desarrollo de la identidad.	La ocupación o profesión es consecuencia de la identidad.

Una de las primeras discusiones para facilitar el "desenredo" tiene que ver con aclarar el concepto de vocación. En el mundo secular lo que se entiende por "vocación" posee prejuicios que dificultan comprender el significado de Ideal Personal. Por eso es necesario aclarar el concepto de identidad y vocación.

Tener una conversación con alguien sobre el tema de la vocación o "llamado" termina siendo un esfuerzo muy complicado porque vivimos en una cultura que ha perdido el sentido de lo que realmente significa este término. Durante décadas, la definición de vocación se ha ido reduciendo a representar una inclinación hacia el sacerdocio o la vida religiosa. Alguien que dice "Tengo una vocación…" o "Tengo un llamado" se interpreta que quiere comunicar su intención de entrar a la vida religiosa, consagrada o al Sacramento del Orden. Desafortunadamente, lo contrario de no tener un llamado a la vida religiosa o al sacerdocio, tiende a interpretarse como que "no tengo vocación". Siguiendo esta línea restringida, son muchos los que están convencidos erróneamente de que no tienen vocación en su sentido más amplio.

Otra interpretación popular de "vocación" es la presunción de que refleja una ocupación, un trabajo o una profesión específica. Sin duda, el lugar de trabajo ocupa una parte central de nuestras vidas, donde situaciones favorables y adversas pueden contribuir a las actividades "que dan forma a la historia" de un "Yo Inventado." Como ejemplo de esta interpretación, hablamos de una vocación a la medicina, a la educación, a la ingeniería o a la ciencia, entre otras. No es totalmente incorrecto relacionar el término vocación con una ocupación o profesión porque ciertamente son "resonancias" del "Yo Creado." Aun así, la vocación es más de lo que las habilidades personales vayan a conducir en la selección de una ocupación particular. Esta forma de entender la vocación es persuasiva para la construcción del "Yo Inventado"—y si es demasiado fuerte—puede hasta imposibilitar algunos de los esfuerzos por descubrir y vivir el "Yo Creado".

> Yo no soy mis sentimientos, ni mis pensamientos, ni tan siquiera mis afectos. Soy eso, pero soy mucho más. Y lo definitivo de mí se juega a nivel de corazón, al nivel más profundo de mi existencia. ahí es donde *me recibo de Dios*—si le concedo el centro de mi existencia y no solo la periferia—y ahí recibo también la *"vocación personal"*. El problema es que solemos vivir en los niveles periféricos y fragmentados y eso deja nuestra "entraña" aislada, fuero de juego; y nos sentimos, en consecuencia, fragmentados, rotos, dispersos. Pero ¿y si hubiera algo que, desde lo más interior de nosotros mismos, clamara por entrar en relación con el mundo, con los otros y con Dios? Esto nos integraría y unificaría sobremanera porque atravesaría todas las dimensiones de nuestra existencia dándoles una dirección, moviéndolas con una misma energía (Martinez-Gayol, 2019, p.317)

Es comprensible que la palabra "vocación" y "llamada" tiendan a usarse indistintamente, ya que la palabra vocación deriva del latín "vocare" que se traduce como "llamar." Pero la vocación es más que una orientación hacia una consagración religiosa, o un "llamado" a una forma de empleo. La vocación como el "Yo Creado" es la identidad personal en sentido más auténtico y profundo. Es el "Yo Creado" quien define la identidad (el ser), y es el "ser" lo que define el rol o la actividad exterior (el hacer), y no al revés.

El interés en los conceptos de "vocación" y "llamado" desde la perspectiva secular es un campo de investigación relativamente nuevo. Sin embargo, ya hay algunos estudios seculares que reconocen las diferencias entre el "Yo Inventado" y el "Yo Creado". La mayoría de ellos provienen de las disciplinas de asesoramiento, formación profesional, el campo multicultural, y desde las disciplinas psicológicas. Por ejemplo, P. J. Andrisani, R. C. Miljus señalan que la vocación como "Yo Inventado" se asocia la adaptación individual a las fuerzas extrínsecas que afectan la dirección que toma la vida. En otro estudio, los investigadores B. J. Dik y R. D. Duffy argumentan que la vocación como un "Yo Inventado" resulta como una reacción a fuentes externas—sociedad, cultura, economía, educación, religiosidad—insinuando así la posibilidad de una influencia divina. Un tercer estudio de D. M. Haney-Loehlein nota que si se omite la posibilidad de que el llamado tenga origen divino, el esfuerzo se reduce a una simple ocupación o profesión.

Para los investigadores B. J. Dik y R. D. Duffy, la definición de "llamado" (los autores usan en inglés la palabra "summons") es apropiada como introducción al Ideal Personal. Ellos sostienen: "[una llamada es] una citación trascendente, experimentada con origen más allá del yo, para abordar un papel particular de la vida orientada a demostrar o a obtener un sentido de propósito o sentido y otros valores y objetivos orientados como fuentes principales de motivación." Esta definición de vocación es oportuna ya que ilustra tres componentes del Ideal Personal: (a) una motivación de origen trascendente, (b) un contexto espiritual, y (c) una misión al servicio de otros.

Aunque investigadores seculares han trazado la vocación y llamado dentro del contexto de la realización marcadamente humanista, es la referencia tangencial a lo trascendente lo que enmarca la vocación como un valor espiritual. Esto permite una definición más amplia de vocación como concepto multidisciplinario. En los talleres que siguen este primer taller, se reconoce este aspecto espiritual como un atributo cardinal de la vocación como llamado y el principio fundamental para el "Yo Creado." En este sentido, el llamado divino se entiende mejor como un proceso de descubrimiento natural-sobrenatural que requiere discernimiento y voluntad como esfuerzos para desenredar el "Yo Inventado" del "Yo Creado" que es la identidad verdadera. Por supuesto, es un esfuerzo evolutivo, a lo largo de toda la vida, que está moldeado por la voluntad divina y las circunstancias históricas de la vida cotidiana.

Si bien los académicos seculares reconocen la existencia de formas de llamados comunes a todas las personas, los llamados también son personales. En otras palabras, vocación como llamado define una singularidad personal (identidad) para un propósito específico en el tiempo y lugar que representa la tarea o misión dirigida a los demás. Esencialmente, la vocación como llamada divina es un fundamento ontológico (estudio de la razón de ser), de la identidad personal (ser), del hacer (misión), y del pertenecer (comunidad). Esto muy bien podría ser una versión secular de lo que llamamos "Ideal Personal." Otros nombres que se han usado para este concepto son "ego-ideal" y "nombre ontológico."

Desde el punto de vista secular, la idea de "llamar" se expresa de diferentes maneras. Algunos autores se refieren a la llamada como "tarea central de la vida" (Bogart, 1994), o como un "ideal personal" (Reed, 2000). Reed basa su definición de descubrimiento de uno mismo en el concepto de Platón de "diaonia", que se refiere a los llamados personales como "la totalidad de ser realizado cuando uno usa correctamente el más alto ideal moral o visión dentro de uno" (Reed, 2000, p.10). El psicólogo Carl Jung ofreció una interpretación diferente. El señaló que:

La verdadera personalidad siempre tiene vocación, que actúa como la Ley de Dios de la que no hay escape. Quien tiene vocación oye la voz interna; se llama. La grandeza y el efecto liberador de toda personalidad genuina consiste en esto, se somete a su vocación a la libre elección. (junio de 1934, págs. 175 a 176).

El término "vocación" utilizado en la cita anterior como un llamado único o trayectoria personal puede o no coincidir con una ocupación o profesión seleccionada. En este contexto, la "vocación" se refiere de nuevo a algo más allá de una ocupación mediante la cual se cobra un salario. Otros autores se refieren a la "vocación" como "una faceta central de la narrativa que una persona construye para darle sentido a su historia personal" (Bogart, 1994, pág. 10) o "un principio de directiva única que unifique la vida interna y externa" (Progoff, 1986, pág. 78). Nuevamente, lo que falta por elaborar en estas definiciones es el elemento divino.

Sin duda, la búsqueda de la identidad y la realización personal es un tema serio y atractivo en el sector secular. Hay muchos libros publicados que tratan de proveer un camino a la realización personal a lo largo del viaje de la vida, aunque la perspectiva sea marcadamente humanista.

Como católicos, creemos que hay una realidad más profunda sobre nuestra identidad que no se puede subestimar. Ciertamente la vida es un caminar donde aplicamos nuestros conocimientos, talentos, y habilidades. En ese caminar interactuamos con otros y reaccionamos a diferentes demandas ambientales. No obstante, a medida que la vida se despliega y por medio del discernimiento, los acontecimientos y las circunstancias también son fuente de descubrimiento. Sin un discernimiento y un diálogo intensos con el "que llama", existe el riesgo de moldear una identidad basada primordialmente en los deseos, las expectativas y la visión del mundo. Cuando el "Yo Inventado" se hace evidente y empieza a reclamar al "Yo Creado" se logra una transformación más fecunda. En otras palabras, nuestras actividades e interacciones cotidianas contribuyen al descubrimiento de la identidad y son camino hacia la realización del Ideal Personal en la medida en que las interpretamos a la luz de la Providencia. Por tanto, lo intrínseco y extrínseco son recursos para descubrir y realizar el "Yo Creado".

El llamado divino como un "servicio a los demás" (tarea) presenta un desafío cultural. El marco cultural en América del Norte se ha descrito como individualista (Ditomaso, Parks-Yancy, Post, 2003), lo que también apunta a una deficiencia relacional (Chandler, 2014). Algunos autores han identificado incluso efectos negativos específicos del individualismo en la Iglesia Católica Americana (Gillis, 2003). En particular, hay casos en que esta influencia individualista afecta involuntariamente la dinámica de "comunidad" utilizadas para caracterizar a la Iglesia. Por ejemplo, McCarthy hace la siguiente declaración: "No es la Iglesia sino yo, como Iglesia, quien debe asumir la responsabilidad de crear y manifestar la comunidad" (McCarthy, et al., 2000). Esta definición de Iglesia pone demasiado énfasis en el "Yo" y tiende a socavar el entendimiento de la comunidad eclesial como un "nosotros". En otras palabras, es razonable afirmar que el laicado encarna—aunque en distintos grados—las características de la cultura en que vive. Si se identifica a la sociedad norteamericana como básicamente individualista, entonces se debería alertar y educar al laicado sobre la necesidad de entender cómo este factor cultural está socavando el significado de "comunidad". Sólo cuando se suavizan las influencias del individualismo puede surgir la comunidad. Nuevamente, desde el "Yo Creado" surge la verdadera comunidad.

En resumen, hablar de vocación es mucho más que simplemente un llamado a pertenecer a una orden religiosa, un instituto secular o una congregación. También es mucho más que el llamado a una ocupación, como lo presenta la perspectiva secular. Dentro del contexto y la intención del Ideal Personal, la vocación se refiere a la forma más profunda, auténtica e íntima de identidad. No es sólo una filosofía de la vida ni una misión en la vida, sino algo que define a cada uno de nosotros como personas únicas. Un ángulo inevitable para la discusión secular sobre el tema de la vocación es el "llamado divino". Por supuesto, la literatura secular se cuida de no promover religiones específicas, pero como católicos, la perspectiva espiritual es clara y ello sirve de fundamento para las definiciones de Ideal Personal que se presentan en los próximos talleres de este cuaderno de trabajo.

Tarea para este taller:

Componer una reflexión de las características personales que resaltan mientras desempeñas tu trabajo cotidiano, ocupación o profesión actual (y pasados) que apuntan hacia lo que tú prevés son elementos del "Yo Creado". En otras palabras, ¿qué descubres de tus labores pasadas y presentes que te ayuda a visualizar el "Yo Creado"?

Preguntas de discusión:

1. En dos o tres oraciones establecer la diferencia entre el "Yo Inventado" y el "Yo Creado".

2. Según tu experiencia personal, ¿cuáles son algunos prejuicios, ideas propias o mitos relacionados con el concepto de "vocación"?

3. ¿Qué ventajas y desventajas tiene el intentar descubrir el Ideal Personal desde las habilidades y limitaciones personales que iluminan la decisión hacia una ocupación o profesión?

4. Explique en sus propias palabras lo que quiere decir: *"Es el "Yo Creado" quien define la identidad (el ser), y es el "ser" lo que define el rol o la actividad exterior (el hacer), y no al revés.*

Bibliografía
Andrisani, Paul J., and Robert C. Miljus. "Individual differences in preferences for intrinsic versus extrinsic aspects of work." Journal of Vocational Behavior 11, no. 1 (1977): 14-30.
Bogart, Greg. "Finding a life's calling." Journal of Humanistic Psychology
Bogart, G. C. "Initiation into a life's calling: Vocation as a central theme in personal myth and transpersonal psychology." (1993): 3755-3755.

Cahalan, Kathleen A., and Bonnie J. Miller-McLemore. Calling All Years Good: Christian Vocation Throughout Life's Seasons. Wm. B. Eerdmans Publishing, 2017.

Chandler, Diane J. *Christian spiritual formation: An integrated approach for personal and relational wholeness.* InterVarsity Press, 2014.

DiTomaso, Nancy, Rochelle Parks-Yancy, and Corinne Post. "White views of civil rights: Color blindness and equal opportunity." *White out: The continuing significance of racism* (2003): 189-98.

Douglass, Richard P., and Ryan D. Duffy. "Calling and career adaptability among undergraduate students." Journal of Vocational Behavior 86 (2015): 58-65.

Gillis, Chester. "American Catholics: Neither out far nor in deep." Religion and immigration: Christian, Jewish, and Muslim experiences in the United States (2003): 33-51.

Haney-Loehlein, Deanna M., Robert B. McKenna, Caitlin Robie, Kramer Austin, and Diana Ecker. "The power of perceived experience: Events that shape work as a calling." *The Career Development Quarterly* 63, no. 1 (2015): 16-30.

Jung, Carl Gustav. Allgemeines zur komplextheorie. HR Sauerländer, 1934.

Martinez-Gayol, N. (2019). La vida como vocación. *Ephemerides Mariologicae*, LXIX-Fasc. III, 297-319.

McCarthy, Jeremiah J., William Morell, William McGrattan, Daniel McLellan, and Kevin O'Neil. "The Public Character of Theological Education: A Perspective from Roman Catholic Schools of Theology and Seminaries." Theological Education 37, no. 1 (2000): 17-32.

Progoff, Ira. "The Dynamics of Hope and the Image of Utopia." Rhein-Verlag, 1964.

Reed, Philip A. "Book Review-America Calling: A Social History of the Telephone to 1940." (2000).

Rojas, Ronald R. "Vocation as calling and resilience in the workplace: A correlational study". *Religion* 8, no. 4 (2011): 281-297.

Rotman, Marco. "Vocation in Theology and Psychology: Conflicting Approaches?" Christian Higher Education 16, no. 1-2 (2017): 23-32.

Taller 3
Teología de la Persona

"*Tiene que hacérseles evidente a las personas que ellas poseen un conocimiento de Dios implícito pero real, aunque no se reflexione sobre ello ni se lo verbalice. Dicho de manera más adecuada: las personas poseen una genuina experiencia de Dios que en definitiva está enraizada en su propia existencia espiritual, en su trascendentalidad, en su personalidad o como quieran llamarlo.*"

Karl Rahner, SJ

Taller 3. Teología de la Persona

La intención de esta sección es proveer una perspectiva más amplia del Ideal Personal (IP), pero desde el punto de vista teológico. Para poder responder a la variedad de oportunidades y exigencias de la vocación personal, se necesita poseer un conocimiento más profundo sobre el IP. Una explicación teológica ayuda a comprender el origen de los dones, gracias, o carismas que poseemos como persona. Un punto de partida crucial que permite una discusión más honda sobre el Ideal Personal es el análisis de la palabra "persona". ¿Notan que decimos "Ideal Personal" en vez de "Ideal Individual"? ¿Cuál es la diferencia entre ser "persona" y ser "individuo"? El Padre Kentenich afirma:

> *"No somos meros números, personas anónimas condenadas a una ociosa inactividad, sino factores esenciales de los cuáles dependen muchas cosas."*

Para sumergirnos en lo que conocemos como Ideal Personal desde la perspectiva de la teología, es necesario enfocar en el concepto de "persona", un concepto que surge de la antigua filosofía griega. El concepto filosófico de "persona" surgió, tomando la palabra "prosopon" (griego antiguo: πρόσωπον, romanizado: prósōpon) del teatro griego. pero sus definiciones modernas resultan ser producto de la teología (Ratzinger, 1990).

El concepto de "persona" toma relieve en las discusiones teológicas sobre la Trinidad a partir del Siglo III (Tertuliano, 160-220) cuando se intenta interpretar la pluralidad de voces de Dios en las Sagradas Escrituras. Por ejemplo, *"Hagamos al hombre…"* (Génesis 1, 26), *"Dios dijo: Ahora el hombre es como uno de nosotros…"* (Génesis 3,22). También en el Salmo 110, 1: *"Oráculo de Yahveh a mi Señor: Siéntate a mi diestra, hasta que yo haga de tus enemigos el estrado de tus pies."* Vemos en un solo versículo el que habla (Espíritu de Dios), del quien habla (Padre), y a quien habla (Hijo). Entonces se observa en las Escrituras el fenómeno de un Dios que habla en diálogo consigo mismo, lo que estimula el estudio del concepto de "persona" en la teología. Dios consiste en "personas" en diálogo, el diálogo defina a las personas.

Para esta sección sobre la "persona" nos valemos de los pensamientos y obras de tres teólogos contemporáneos. Estos teólogos son Hans Urs von Balthasar (1905-1988), Karl Rahner (1904-1984), y Ignacio Ellacuría (1930-1989). La combinación de planteamientos que ofrecen estos teólogos nos permite ver a la "persona" como *imago Dei, imago Christi*, y como *imago Trinitatis*. Estas imágenes representan las tres dimensiones del Ideal Personal, define el ser (¿Quién soy?), define la misión (¿Cuál es mi vocación?), y define la dependencia de una comunidad (¿A quién pertenezco?).

1. Hans Urs von Balthasar (Imago Dei)

Balthasar plantea que desde el "imago Dei" se entiende la definición de "persona" como "en-relación-con-otro". Si no hay un "otro" no hay necesidad de "persona", y como fuimos hechos a imagen y semejanza de Dios (*imago Dei*) y Dios está en diálogo con sí mismo, existimos también "en-relación-con-otro". Señala Balthasar que existe una *transferencia antropológica* de la definición de "personas" desde Dios a la persona humana. Esta transferencia la vemos, por ejemplo, en Juan 15,5 *"El que permanece en mí y yo en él, ése da mucho fruto; porque separados de mí no podéis hacer nada... "*y en Juan 17,11 *"Padre santo, cuida en tu nombre a los que me has dado, para que sean uno como nosotros."* Más específicamente, von Balthasar afirma: "Nuestro ser más interior fue diseñado para el diálogo con Dios. Solo Dios puede decirnos, en verdad, lo que somos". El hombre moderno como "individuo" se siente desdivinizado, pero el *Imago Dei* le provee la capacidad ir más allá como un ser "en-relación-con-otro" que le define como persona. En resumen, Balthasar argumenta que cada "persona" es un "en-relación-con-otro" que surge de la "imago Dei". Con esto, la "persona" ya no es un "individuo" (un ente aislado) sino que encuentra su <u>razón de ser</u> en Dios.

Ref: Von Balthasar, H. U. (1961). On the concept of person. *Zeitschrift fiir Neutestamentliche Wissenschafl52, 50*, 39.

2. Karl Rahner (Imago Christi)

Comenta Rahner que el enfoque de von Balthasar es muy abstracto y sistemático, y como consecuencia, sugiere mejor un enfoque pastoral partiendo de lo "natural" que observa en el ser humano. Para ello, fundamenta sus argumentos en lo que llama el "hombre-histórico". Afirma Rahner que no existe el ser puramente (100%) humano, que la existencia de cada "persona" posee una doble realidad simultánea de *naturaleza* y *gracia,* y como consecuencia, la naturaleza posee un fin sobrenatural. Lo "consciente" de ser humano pertenece a la naturaleza, pero es incapaz de alcanzar la salvación por sí mismo. Por ello, existe en el ser humano una contraparte simultánea en el orden de la gracia que le urge hacia lo divino, hacia su consecuencia final. Dice Rahner,

> Tiene que hacérseles evidente a las personas que ellas poseen un conocimiento de Dios implícito pero real, aunque no se reflexione sobre ello ni se verbalice. Dicho de manera más adecuada: las personas poseen una genuina experiencia de Dios que en definitiva está enraizada en su propia existencia espiritual, en su trascendentalidad, en su personalidad... (Tomado de Peter, C. J. (2012). The position of Karl Rahner regarding the supernatural: a comparative study of Nature and Grace. *Proceedings of the Catholic Theological Society of America, 20*).

De manera que el ser humano es capaz de hacer preguntas que le permiten trascender, ir más allá de lo puramente material, y por ende, cuestionar lo abstracto y lo espiritual. El hombre moderno deshumanizado que se contempla solamente como "un individuo más" entre tantos otros, puede ahora tener como "persona" la capacidad de trascender. Dado estas observaciones, Rahner propone una antropología-trascendental en la que el "hombre-histórico" es visto como un proyecto de continuo descubrimiento hacia los "Tu's" divinos (en el sentido Trinitario) y en donde radica su plenitud como "persona". Sin embargo, el hombre histórico está herido por el pecado. Cristo Jesús se hace hombre-histórico y en su Encarnación restaura y revela la experiencia trascendental de la humanidad con Dios. Continúa Rahner...

> Me has dicho a través de tu Hijo que eres el Dios de mi amor. Me has mandado amarte... Pero porque me mandas amarte, me mandas lo que sin tu orden no tendría ánimo de hacer: amarte, amarme a ti mismo muy íntimamente, amar tu propia vida, perderme a mí mismo dentro de ti, sabiendo que Tú me recoges dentro de tu corazón, que yo puedo hablarte a tí, el incomprensible misterio de mi vida.

Para Rahner, la "persona" es el hombre-histórico que en continua tensión entre naturaleza y gracia busca y va descubriendo el encuentro con Dios y su misión en el mundo por medio de Cristo-Jesús (*imago Christi*).

Ref: Peter, C. J. (2012). The position of Karl Rahner regarding the supernatural: a comparative study of Nature and Grace. *Proceedings of the Catholic Theological Society of America, 20*.

3. Ignacio Ellacuría (Imago Trinitatis)

Si la crítica de Rahner a von Balthasar es que su enfoque es muy abstracto, la crítica de Ignacio Ellacuría a Rahner es que sus planteamientos son marcadamente unilaterales con poco desarrollo de la dimensión social. Específicamente, el planteamiento de Ellacuría es que cada uno (persona) se realiza mediante lo que él llama "el nuevo hombre", que es parecido al hombre-histórico de Rahner que va descubriendo en su relación con Dios, pero que adicionalmente se descubre con relación a otros, y que juntos aspiran a una sociedad (nueva comunidad) y civilización orientada hacia una "tierra nueva y un cielo nuevo" (*Utopía y Profetismo*, 1990). De manera que la "*imago Trinitatis*" inspira y conduce al "hombre nuevo" hacia la formación de comunidades y sociedades que luchan contra injusticias estructurales que deshumanizan "... pero que en lo positivo es la dinámica de superación, en la que alienta el Espíritu de múltiples formas, siendo la suprema de todas las disponibilidades de dar la vida por los demás, sea en la entrega cotidiana incansable o en el sacrificio hasta la muerte..." (*Utopía y Profetismo*, p.422). Así, el "individuo" (el hombre solitario, desarraigado, y atomizado) se reconoce como persona por su relación con otros en una comunidad que hace visible la dinámica Trinitaria de "el uno en el otro" (solidaridad) y que busca la transformación de este mundo. La aportación de Ellacuría reside en que lo comunitario es también una dimensión de la persona (*imago Trinitatis*).

Ref: Ignacio Ellacuría, "Utopía y profetismo", Ignacia Ellacuría y Jon Sobrino, [eds.] *Mysterium Liberationis* I., Trotta, Madrid 1990.

En resumen, la definición de "persona" como "en-relación-con-otro" posee una dimensión que define el ser mediante el *imago Dei* (¿Quién soy?), una dimensión de misión por el *imago Christi* (¿Cuál es mi vocación?), y una dimensión comunitaria a raíz de la *Imago Trinitatis* (¿A quién pertenezco?). Estas dimensiones de la persona son también el fundamento teológico para las dimensiones del Ideal Personal: El ser (¿Quién soy?), el hacer (¿Cuál es mi vocación?), y el pertenecer (¿A quién pertenezco?). La tercera dimensión del Ideal Personal pone énfasis en que la misión y la realización están al servicio de otros, pero también en la vitalidad de una comunidad específica. Así, la plenitud de la definición de "persona" como "en-relación-con-otro" se realiza en el ser, en una tarea y en una comunidad.

Tarea para este taller

Como persona, ¿qué dicen otros sobre cuál es el don, la gracia, o el carisma más predominante en tu personalidad?

Preguntas de discusión

1. ¿Cuál es la diferencia entre ser "individuo" y ser "persona?

2. ¿Cuál de las tres dimensiones del Ideal Personal crees es la más fácil para descubrir? ¿Cuál es la más difícil? Explicar por qué.

3. ¿De qué maneras los planteamientos de estos teólogos están relacionados con lo que el Padre Fundador llamó *El Hombre Nuevo y la Nueva Comunidad*?

4. Un sacramento es la expresión visible de una realidad invisible. San Juan Pablo II dice que el cuerpo físico es *"el sacramento de la persona"*. Entonces, quiere decir que el cuerpo es el "en-relación-con-otro" (persona) hecho visible. ¿Cuáles son algunas consecuencias de reconocer el cuerpo como "sacramento de la persona"?

5. ¿De qué maneras las tres dimensiones del Ideal Personal son "caminos de santidad"?

Taller 4
El Nombre Ontológico

"El verdadero robo de identidad no es financiero. No está en el ciberespacio. Es espiritual. Ha sido tomado."

Stephen Covey.

Taller 4. El Nombre Ontológico

En el Taller anterior tomamos un enfoque teológico. En este Taller nos adentramos en lo filosófico, suplementado por documentos de la Iglesia y las Sagradas Escrituras y lo aplicamos también como otra referencia para comprender el Ideal Personal. Primero una breve definición de "ontología" seguido de una descripción de lo que significa el "nombre ontológico."

¿Qué es la ontología?

La ontología es una parte o rama de la filosofía que estudia la naturaleza del ser, la existencia y la realidad, tratando de determinar las categorías fundamentales y las relaciones del "ser en cuanto ser". Ontología significa "el estudio del ser". La ontología ("ontos", en griego, significa ser) busca determinar las categorías fundamentales de la existencia y la realidad, así como la manera en que estas se relacionan entre sí. El estudio filosófico de la naturaleza de cada ser (como persona) corresponde al campo de la ontología.

¿Qué es el "nombre ontológico"? Dios conoce a cada uno en la intimidad y plenitud por su "nombre ontológico", o sea, por un nombre íntimo y profundo que representa la totalidad de la razón de ser de cada persona. Es lo más íntimo y pleno de la propia persona.

Ya que Dios nos creó, Dios tiene un conocimiento íntimo y pleno de nuestro ser. El "nombre ontológico" existe en el corazón de Dios Padre desde el Tiempo Eterno, y se hace realidad física en el Tiempo Creado. Esencialmente, Dios nos conoce mejor que nosotros mismos. En este conocimiento personal, íntimo y pleno, Dios lo resume con un "nombre". Nuestro nombre es el portavoz de nuestra identidad. Ese "nombre" que Dios tiene para cada uno de nosotros contiene la verdadera identidad personal:

> Dios me crea llamándome. Su llamada me hace existir. En un primer nivel, puedo afirmar: "soy llamado, luego existo". Y existo por amor, con ese único motivo. Dios crea por amor y para el amor. Ninguna otra razón. Suscita seres personales para entablar una relación de amor con ellos y par destinarnos a la comunión de vida y amor con él (divinización). Al final. En la meta, vuelve a estar el Amor. Creados por amor somos destinados al amor: un amor consumador (Martinez-Gayol, 2019, p.300).

Nombre ontológico y el ser "llamado desde el vientre…"

Entre Jeremías y San Pablo existe una frase que manifiesta la encarnación del nombre ontológico, que es estar llamado desde el vientre de la madre. Jeremías fue señalado aún antes de nacer para ser un profeta en medio de su nación.

> Antes que te formase en el vientre te conocí, y antes que nacieses te santifiqué, te di por profeta a las naciones. (Jeremías, 1,5 RVC)

También, con el profeta Isaías vemos el uso del "llamado desde el vientre" como la encarnación del nombre ontológico:

> Escuchadme, islas, y atended, pueblos lejanos. El SEÑOR me llamó desde el seno materno, desde las entrañas de mi madre mencionó mi nombre. (Isaías, 49,1 RVC)

Como si fuera poco, San Pablo, utilizando las palabras de Jeremías e Isaías también expresa su vocación como nacida en el seno materno, aunque él fue consciente de esa llamada muchos años después, cuando se acercaba a Damasco persiguiendo a los discípulos de Jesús.

> Pero Dios, que me había elegido ya desde antes de mi nacimiento, me llamó por pura benevolencia (Gálatas, 1,15 BLP)

En el caso de cada uno de nosotros, nuestros padres fueron los instrumentos de identidad "desde el vientre." Desde cada madre, Dios dotó forma y misión a cada persona. La acción de "dar nombre" como identidad es rasgo que origina de *Imago Dei*. Durante los comienzos de la creación, es Adán quien da nombre e identidad a los animales. Adán también da identidad a Eva en Genesis 2, 23 (RVC) cuando dice "Ésta es ahora carne de mi carne y hueso de mis huesos; será llamada "mujer." Hoy en día los padres de familia dan los fundamentos de identidad a sus hijos: el "ser" la provee el nombre, el "hacer" es construir Iglesia, y el "pertenecer" lo da el apellido, una familia, una Iglesia Doméstica. Son las propiedades de identidad que hacen paralelo con las tres dimensiones del Ideal Personal.

Así como Isaías, Jeremías y San Pablo, Dios nos ha escogido desde el mismo acto principal de la creación como su imagen y semejanza para entrar en un momento determinado de la historia (Ideal Personal). Así Dios ha estado preparando a cada uno durante generaciones, para un momento en el tiempo, un lugar específico en el transcurrir de la historia. "Mira", dice Dios, "te he creado a mi imagen y semejanza y preparado para este momento histórico." El tiempo histórico y determinado para cada persona es también una realidad propia del Ideal Personal. A través de generaciones, Dios esta pacientemente esperando que cada uno pueda vivir y actuar en un tiempo determinado de la historia como parte de la originalidad e irrepetibilidad de cada persona.

En otros lugares de las Sagradas Escrituras también hacen referencia al "llamado desde el vientre de la madre". Por ejemplo,

> No estaba oculto de ti mi cuerpo, cuando en secreto fui formado, y entretejido en las profundidades de la tierra (Salmo 139, 15)

> Y ahora dice el SEÑOR (el que me formó desde el seno materno para ser su siervo, para hacer que Jacob vuelva a Él y que Israel se reúna con Él, porque honrado soy a los ojos del SEÑOR y mi Dios ha sido mi fortaleza (Isaías, 49,5)

Cuando se cumplieron los ocho días para circuncidarle, le pusieron por nombre Jesús, el nombre dado por el ángel antes de que El fuera concebido en el seno materno (Lucas, 2,21).

Porque tú formaste mis entrañas; me hiciste en el seno de mi madre (Salmo 139,13).

El ser "llamado desde el vientre" es cuando el "ser-hacer-pertenecer" (Ideal Personal) pasa del tiempo eterno al tiempo creado, como semilla en esperanza de su libre realización. Ese pensamiento de amor de Dios se hace carne en el tiempo lineal, donde el cuerpo se forja como el sacramento (signo visible de una realidad invisible) de cada persona. Es el momento donde el nombre ontológico se hace carne y comienza su trayectoria ineludible de regreso al corazón de Dios Padre en el tiempo eterno:

Cuando Dios te llama por su nombre único, es entonces cuando realmente te crea y te constituye. Antes sí, existías, pero solo cuando te haces consciente de esa "llamada" que Dios te está dirigiendo "te recibes en la existencia de un modo libre y responsable", recibes tu identidad; entonces, realmente eres. Y eres porque eres suyo: "eres mío". (Martinez-Gayol, 2019, p.314)

A continuación, varios pronunciamientos de la Iglesia y citas de las Sagradas Escrituras con relación al significado del nombre:

Catecismo de la Iglesia Católica

Dios se reveló a su pueblo Israel dándole a conocer su Nombre. El nombre expresa la esencia, la identidad de la persona y el sentido de su vida. Dios tiene un nombre. No es una fuerza anónima. Comunicar su nombre es darse a conocer a los otros. Es, en cierta manera, comunicarse a sí mismo haciéndose accesible, capaz de ser más íntimamente conocido y de ser invocado personalmente (n.203).

Vivir en el cielo es "estar con Cristo" (cf. Jn 14, 3; Flp 1, 23; 1 Ts 4,17). Los elegidos viven "en Él", aún más, tienen allí, o mejor, encuentran allí su verdadera identidad, su propio nombre (cf. Ap 2, 17) (n. 1025).

Dios llama a cada uno por su nombre (cf *Is* 43, 1; *Jn* 10, 3). El nombre de todo hombre es sagrado. El nombre es la imagen de la persona. Exige respeto en señal de la dignidad del que lo lleva (n. 2158).

El nombre recibido es un nombre de eternidad. En el reino de Dios, el carácter misterioso y único de cada persona marcada con el nombre de Dios brillará a plena luz. "Al vencedor [...] le daré una piedrecita blanca, y grabado en la piedrecita, un nombre nuevo que nadie conoce, sino el que lo recibe" (Ap 2, 17). "Miré entonces y había un Cordero, que estaba en pie sobre el monte Sión, y con él ciento cuarenta y cuatro mil, que llevaban escrito en la frente el nombre del Cordero y el nombre de su Padre" (Ap 14, 1) (n. 2159)

Christifideles Laici (n. 58)

En efecto, Dios ha pensado en nosotros desde la eternidad y nos ha amado como personas únicas e irrepetibles, llamándonos a cada uno por nuestro nombre, como el Buen Pastor que «a sus ovejas las llama a cada una por su nombre» *(Jn* 10, 3). Pero el eterno plan de Dios se nos revela a cada uno sólo a través del desarrollo histórico de nuestra vida y de sus acontecimientos, y, por tanto, sólo gradualmente: en cierto sentido, de día en día.

S. Juan Pablo II, Urbi et Orbi, Navidad 1978

"Si es verdad que nuestras estadísticas humanas, las catalogaciones humanas, los humanos sistemas políticos, económicos y sociales, las simples posibilidades humanas no son capaces de asegurar al hombre el que pueda nacer, existir y obrar como único e irrepetible, todo eso se lo asegura Dios. Por El y ante El, el hombre es único e irrepetible; alguien eternamente ideado y eternamente elegido; alguien llamado y denominado por su propio nombre."

Benedicto XVI, 49ª Jornada Mundial de Oración por las Vocaciones, 24 de abril de 2012.

"La verdad profunda de nuestra existencia se encierra, pues, en este misterio sorprendente: toda criatura, y en particular toda persona humana, es fruto del pensamiento de Dios y acto de su amor, un amor ilimitado, fiel y eterno (cf. Jer. 31: 3). El descubrimiento de esta realidad es lo que cambia verdadera y profundamente nuestras vidas."

Papa Francisco, Mensaje del Papa para XXXIII Jornada Mundial de la Juventud

"Cuando Dios llama por el nombre a una persona, le revela al mismo tiempo su vocación, su proyecto de santidad y de bien, por el que esa persona llegará a ser alguien único y un don para los demás".

John Henry Newman, Homilía sobre "La providencia particular tal como se revela en el evangelio" (1835)

"Seas quien seas, Dios se fija en ti a título individual. Te 'llama por tu nombre'. Te ve y te comprende tal como te hizo. Sabe lo que hay en ti, conoce todos los pensamientos y sentimientos que te son propios, todas tus disposiciones y gustos, tu fuerza y tu debilidad. Te ve en tus días de alegría y también en los de tristeza. Se solidariza con tus esperanzas y tus tentaciones. Se interesa por todas tus ansiedades y recuerdos, por todos los altibajos de tu espíritu. Ha contado hasta los cabellos de tu cabeza y ha medido los codos de tu estatura. Te rodea con sus cuidados y te lleva en sus brazos; te alza y te deposita en el suelo. Ve tu auténtico semblante, ya esté sonriente o cubierto de lágrimas, sano o enfermo. Vigila con ternura tus manos y tus pies; oye tu voz, el latido de tu corazón y hasta tu respiración. Tú no te amas a ti mismo más de lo que él te ama" (n.2158). Dios llama a cada uno por su nombre (cf Is 43, 1). (n. 2167).

Piet van Breemen (1997). Prólogo de "Te he llamado por tu nombre." Editorial Sal Terrae, Santander.

"Antes de que mis padres escogieran mi nombre, Dios ya lo tenía en su pensamiento. Me llamó por mi nombre, y existí: me dio mi nombre, y gracias a él los demás pueden dirigirse a mí, y yo puedo responder, ser responsable. Dios sigue pronunciando mi nombre, y de ese modo me llama a ponerme incesantemente en marcha, a estar en continuo crecimiento"

<u>Isaías 43,1-2 (RVC)</u>

"Así dice ahora el Señor, quien te creó y te formó: «No temas, Jacob, porque yo te redimí; yo te di tu nombre, Israel, y tú me perteneces. Cuando pases por las aguas, yo estaré contigo; cuando cruces los ríos, no te anegarán. Cuando pases por el fuego, no te quemarás, ni las llamas arderán en ti."

<u>Isaías 49, 15-16 (RVC)</u>

"¿Pero acaso se olvida la mujer del hijo que dio a luz? ¿Acaso deja de compadecerse del hijo de su vientre? Tal vez ella lo olvide, pero yo nunca me olvidaré de ti. Yo te llevo grabada en las palmas de mis manos…"

Entre los hebreos el nombre tiene una relación directa con la existencia. El nombre capta la imagen del "ser" y de una "misión". El nombre implica su estatus (Mateo 10, 41-42 y Marcos 9, 41), la personalidad (Mateo 24, 5) y la responsabilidad (Ester 2, 22 y Efesios 5, 20). En algunos casos en la Sagrada Escritura donde la misión encomendada es clave para los planes de Dios, el nombre dado se revela con más plenitud. Un ejemplo es el de Simón cuyo nombre se cambia a "Pedro" que significa "roca" (ver Mateo 16,18). Los nombres de Abram y Sarai fueron cambiados (revelados) por Abraham (Génesis 17:5, 15) que proviene del hebreo מַהְרָבָא (Avraham) y significa "padre del pueblo" o "padre de las multitudes". Otros nombres revelados fueron:

Oseas fue cambiado por Josué – Números 13:16
Jacob por Israel – Génesis 49: 2,7, 24
José por Bernabé – Hechos 4:36
Saulo por Pablo – Hechos 13:9

Vale observar que no hubo cambio (revelación) con el nombre de María. El nombre "María" significa "la elegida de Dios" así que su nombre ya revela su ser. Otros significados que se le dan al nombre María son "la madre de Dios" o "la amada del Señor". Por otro lado, el nombre Jesús significa "El Señor salva" y fue dado por Dios en sueño a San José:

> Cuando José despertó del sueño, hizo lo que el ángel del Señor le había mandado, y tomó a María por esposa. Y sin haber tenido relaciones conyugales, ella dio a luz a su hijo, al que José puso por nombre Jesús. (Mateo, 1: 24-25).

En el caso de San Juan Bautista hay una confusión y hasta un debate sobre su nombre, que es resuelto por su padre (Lucas 1, 59-63):

> Al octavo día fueron para circuncidar al niño, y querían ponerle el nombre de su padre, Zacarías. Pero su madre dijo: «No, va a llamarse Juan.» Le preguntaron: «¿Por qué?

¡No hay nadie en tu familia que se llame así!» Luego le preguntaron a su padre, por señas, qué nombre quería ponerle. Zacarías pidió una tablilla y escribió: «Su nombre es Juan.» Y todos se quedaron asombrados.

Ya debe ser evidente que con lo que se ha presentado hasta la fecha—particularmente en atención a los pronunciamientos de los Santos Padres— es posible intuir una definición de Ideal Personal como ésta:

"...el llamado personal, único e irrepetible, desde la eternidad, como fruto del pensamiento de Dios y acto de su amor, que se revela a través del desarrollo histórico de nuestras vidas y sus acontecimientos, y que es lo que cambia verdadera y profundamente nuestras vidas".

Dado a que estamos en el punto de considerar definiciones de Ideal Personal, lo que naturalmente sigue en el próximo taller es una presentación de varias definiciones de Ideal Persona usando otros puntos de vista.

Tarea para este taller

Los pontífices o Papas, sucesores de San Pedro, están a la cabeza de la Iglesia asumen un nuevo nombre una vez elegido nuevo pontífice. El cambio de nombre tiene la explicación teológica del "nombre ontológico". En las escrituras vemos como Dios siempre cambiaba de nombre a aquellas personas a quienes encomendaba una misión determinada. Por eso los sumos pontífices modifican su nombre una vez asumen la misión de convertirse en la cabeza visible de la Iglesia. La elección del nombre por parte del santo padre puede estar motivada por varios aspectos, como, por ejemplo, honrar a un santo o a uno de sus predecesores. También es una costumbre entre congregaciones y órdenes religiosas, en la que un nuevo nombre representa el dejar atrás todo lo que relaciona con su vida pasada y renacer espiritualmente. Al asumir un nuevo nombre lo toman en nombre de su entrega total a Cristo. Igualmente, en los Estados Unidos, es tradición que los jóvenes que reciben el Sacramento de la Confirmación también proclamen su "Nombre de Confirmando", el cual representa su nueva condición, la de ser sellado por el Espíritu Santo.

Si tuvieras que identificarte con el nombre de un santo que representara un nuevo caminar en la Santidad de la Vida Diaria, ¿qué nombre escogerías? El siguiente enlace es un recurso que puedes usar para ver Vida De Santos:

http://www.corazones.org/santos/a_santos_vidas.htm

Preguntas de discusión

1. ¿Cuáles son algunos otros personajes bíblicos cuyos nombres han sido cambiados para ilustrar su misión?

2. ¿Qué significado tienen los nombres de Adán y Eva?

3. El Fundador de la Obra de Schoenstatt se llama "José". ¿Qué significa ese nombre y qué relación guarda con su misión?

4. ¿Qué significado tiene el nombre que ha escogido el Santo Padre para sí mismo?

5. Explica la relación que existe entre el concepto de "vocación" (Chirstifideles Laici, n. 58) y el de "nombre ontológico".

Taller 5
Definiciones de Ideal Personal

"*Aunque en lo íntimo me diste forma, y en lo más secreto me fui desarrollando, nada de mi cuerpo te fue desconocido. Con tus propios ojos viste mi embrión; todos los días de mi vida ya estaban en tu libro; antes de que me formaras, los anotaste, y no faltó uno solo de ellos.*"

Salmo 139, 15-16

Taller 5. Definiciones de Ideal Personal

El Ideal Personal es uno solo, pero puede estudiarse desde varias perspectivas para ilustrar su amplitud y tener una idea más abarcadora de su significado. Usaremos algunas de estas perspectivas para lentamente ir adentrando en lo que es el Ideal Personal, y en secciones posteriores, proveer algunos medios para el descubrimiento y maduración.

Definición teológica

La plena realidad del Ideal Personal proviene del hecho de que cada uno encarna una idea predilecta y original que Dios ha tenido desde siempre. Decimos entonces que el Ideal Personal es el principio vital por el cual se fue creado: es la forma original del ser que entra en conflicto con el pecado. El pecado confunde y oscurece esta idea perfecta de Dios, pues es separación, alejamiento, y en el extremo, rompimiento del vínculo con lo divino. El pecado ofusca el sentido genuino y profundo del Ideal Personal, dificulta la caridad del propósito, y desvía del curso querido por Dios. El Ideal Personal entonces, seguido al pie de la letra, significa un continuo cumplimiento de la voluntad de Dios. Es encarnar de manera original las características divino-humanas de Cristo, pues él posee en si toda la perfección (Rom 12, 4-9, Ef 4, 7-16). Entonces,

> *El Ideal Personal es la forma personal y única en que cada ser humano encarna las características divino-humanas de Cristo y las proyecta al mundo.*

El hombre y la mujer, ambas creadas a imagen y semejanza de Dios (Imago Dei) encuentran en Cristo y por Cristo la realización plena dc su potencial: "Por su inserción en Cristo, el hombre tiene el camino abierto hacia un progreso nuevo, hacia un humanismo trascendental que le da su mayor plenitud; tal es la finalidad suprema del desarrollo personal (Populorum progressio, núm 16).

Definición psicológica

Todo hombre y mujer lucha por algo más allá de los logros en el mundo físico y material. Necesita integrar sus energías en una dirección definida, aspirar hacia metas altas y exigentes. Las condiciones de vida moderna oprimen el equilibrio interno y se suscitan serias luchas capaces de causar daño grave y permanente. "Así pues el hombre está dividido en sí mismo. Por lo cual toda la vida de los hombres, lo mismo individual que colectiva, aparece como una lucha, incluso dramática, entre el bien y el mal, entre la luz y las tinieblas" (Gaudium et spes, núm 13). La desarmonía urge deseos de superación, de reto ante la situación confusa que invade todas las esferas de la vida. Resulta entonces imperativo restaurar el equilibrio interno consigo mismo, con los otros, y con Dios por medio de ideales concretos, comprensibles, y realizables.

El Ideal Personal satisface la necesidad sistemática de orientación psicológica positiva hacia un propósito de vida: no solo con metas intelectuales sino también con fines afectivos y volitivos (la voluntad). De este modo, el Ideal Personal conduce al reconocimiento de carismas y fallas en la formación y crecimiento personal y en comunidad. "Nuestra realización personal y nuestros proyectos de vida no son el resultado matemático de lo que decidimos dentro de un 'yo' aislado; al contrario, son ante todo la respuesta a una llamada que viene de lo alto." (Papa Francisco, Mensaje del Santo Padre para la 57° Jornada Mundial de Oración por las Vocaciones). Así, desde esta perspectiva, el Ideal Personal contribuye al despliegue de las fuerzas internas para utilizarlas al servicio de Dios en el mundo.

> *El Ideal Personal es la actitud fundamental del alma en gracia; es la tendencia del alma a encontrar lo íntimo y original que es nutrido, protegido, y realizado mediante la gracia.*

Aquí vemos que el hombre es capaz de concentrar sus fuerzas en realizar mediante la gracia el "todo" de su personalidad desde una realidad total, quiere decir, en lo natural y sobrenatural. En esto se supera una deficiencia de la psicología moderna que intenta realizar al hombre, pero sin Dios. Basta demostrarlo con un breve recuento de las tendencias psicológicas modernas de mayor influencia:

Abraham Maslow habla de la autorrealización en términos de los que él considera han evolucionado más en su salud mental.

Eric Fromm propone que es el "individuo autónomo" el que es capaz de su plena realización.

David Reisman dice que solo el "hombre internamente dirigido" puede realizarse completamente.

Carlo Jung observa que solamente el "hombre individualizado" tiene la habilidad de desplegar la abundancia de su ser.

En todas estas perspectivas psicológicas mencionadas, Dios está ausente. Por el contrario, la realización mediante el Ideal Personal incluye una dinámica con lo sobrenatural, o sea, se efectúa también por medio de la gracia. "El hombre sólo se encuentra saliendo de sí mismo. Sólo si salimos de nosotros mismos nos reencontramos. Adán quiso imitar a Dios, cosa que en sí misma no está mal, pero se equivocó en la idea de Dios. Dios no es alguien que sólo quiere grandeza. Dios es amor que ya se entrega en la Trinidad y luego en la creación. Imitar a Dios quiere decir salir de sí mismo, entregarse en el amor" (Benedicto XVI, Audiencia General, 27 de junio de 2012).

Por más que la psicología moderna se empeñe en restaurar el equilibrio del hombre, solo se logrará parcialmente pues al separarse de Dios se separa de la plenitud de su propio ser: "El hombre, separado de Dios, se torna inhumano para sí mismo y para sus semejantes" (Mater et Magestra, núm 216).

Definición filosófica

El carácter espiritual en el hombre nos hace admitir un principio vital más allá de lo material, que llamamos "alma". El hecho de que el hombre posea un alma plantea el problema filosófico sobre su origen y razón de ser.

El alma no viene de la materia, ni tampoco puede venir de otra alma (traducionismo, generacionismo), ni por agregación o fragmentación del Ser Divino. El alma tiene origen en un acto exclusivo del Creador y solo desaparece si el Creador, dejara de conservarla. Pero esto es irrazonable, pues su razón de ser es el amor eterno, indestructible. De este acto creador del alma adquiere lo original e irrepetible, un gesto que demuestra un amor íntimo y personal. En este acto creador se observa dos elementos fundamentales:

a. La fijación del fin o propósito de la existencia y la disponibilidad de los medios para alcanzarla. Dios no solo atribuye el propósito de cada ser humano, sino que también provee los medios naturales y sobrenaturales para que ese propósito se realice.
b. La ejecución en el "tiempo creado" de la idea concebida por Dios en el "tiempo eterno", o sea, la unidad de cuerpo y alma y la libertad para realizar ese propósito.

Dado estos elementos, se formula la siguiente definición filosófica:

El Ideal Personal es el principio vital determinante, causa de la existencia, motivo y tarea por cual cada ser humano fue creado.

Esta definición de Ideal Personal contesta las tres preguntas principales de la filosofía: *¿Quién soy? ¿Para qué existo? ¿Hacia dónde voy?*

Definición a la luz de la historia

El progreso ordenado de los acontecimientos históricos a lo largo de los siglos reclama la existencia de un factor que mueve el mundo y la humanidad hacia un fin. Este factor—que se llama "cosmovisión"— debe ser reconocido si se desean comprender los poderes que originan e inspiran nuevas ideologías y modelan nuevas estructuras. La palabra "cosmovisión" se refiere a una visión del mundo, o sea, la perspectiva, concepto o representación mental que una determinada cultura o persona se forma de la realidad. Entonces, una cosmovisión provee un marco de referencia para descifrar y aceptar la realidad de creencias, perspectivas, nociones, imágenes y conceptos. La palabra "cosmovisión" se origina de la palabra alemana *Weltanschauung* (*Welt*, que quiere decir 'mundo', y *anschauen*, que quiere decir 'mirar' u 'observar'). Al traducir del alemán al español, se usa la palabra griega *cosmos* que quiere decir 'mundo' o 'universo', y del latín la palabra *visio*. Por ello, a continuación, resumimos tres cosmovisiones actuales que pretenden explicar el cómo se gestará la historia en los próximos siglos.

El colectivismo, como primera cosmovisión, enaltece el bien de la comunidad (sociedad) más que la del individuo. El colectivismo establece que ninguna persona sobresalga sobre de las necesidades del grupo (sociedad). Es común que el colectivismo esté relacionado con los valores de *altruismo* y *equidad*, y comunidades colectivistas dependen de una interdependencia social para el bienestar grupal por sobre los de cada individuo. Así el valor del individuo es medido por la contribución que realiza al grupo (sociedad).

La segunda cosmovisión es el individualismo, que proclama un énfasis en el individuo más que en el grupo (sociedad). La persona individualista coloca sus intereses por encima de las del grupo (sociedad). En comunidades individualistas, se valoriza la autonomía y el éxito se logra mediante la intensa competencia de uno contra el otro.

La visión de la Iglesia es que las fuerzas divinas están encontradas con las fuerzas del mal (pecado) en una lucha por el dominio del hombre y la historia. Esta visión coloca a Dios como objetivo (causa primera) y las demás fuerzas como causas secundarias. En estos tiempos de intensidad casi Apocalíptica, la Madre de Dios surge como la "mujer Vestida de Sol" y busca transformar hombres y mujeres en "otros Cristos" para reorientación del rumbo histórico. En este contexto, el Ideal Personal es llamado a ser instrumento en la realización del plan divino y misión al servicio de Dios en esta gran batalla. Esta conciencia de instrumentalidad a la luz de los procesos históricos provee otra definición:

> *El Ideal Personal es el llamado particular querido por Dios para la transformación histórica-universal (Evangelización) desde una realidad íntegra, natural y sobrenatural, personal y comunitaria.*

La realización plena del Ideal Personal es lograr el Ideal del Hombre Nuevo y la Nueva Comunidad como medio para superar las deformidades y herejías antropológicas actuales. Quien vive su Ideal Personal es personalidad consciente del origen de su ser y su misión, de su contribución libre, de su convicción de que una persona puede salvar a todo un pueblo (Gen 18, 20-33).

Así el Ideal Personal integra la voluntad personal con la voluntad divina para juntos gestar la historia (una "resultante creadora", donde el "todo" es más que la suma independiente de las partes). "En los designios de Dios, cada hombre está llamado a promover su propio progreso, porque la vida de todo hombre es una vocación dada por Dios para una misión concreta" (Populorum progresio, núm. 15). Ello hace que cada uno tenga un deber de servicio ante la humanidad (Gaudium et spes, núm. 88), una gran responsabilidad ante una tarea de proyección universal (Gaudium et spes, núm 93). San Juan Pablo II lo resume en su exhortación apostólica Christifidelis laici (núm 56): "En verdad, cada uno es llamado por su nombre en la unidad e irrepetibilidad de su historia personal a aportar su propia contribución al advenimiento del Reino de Dios."

Definición sociológica

La sociología estudia sistemáticamente la conducta social humana, en grupos, comunidades, y sociedades. La Sociología observa, analiza e interpreta el conjunto de artefactos sociales (cultura) y las relaciones interpersonales en la sociedad dentro de un determinado contexto histórico. Esta disciplina se dedica a comprender el efecto comunitario de las relaciones sociales, cómo esas relaciones moderan el comportamiento de las personas y cómo las sociedades evolucionan y cambian.

Reconstrucción social sin una clara visión es regresión. Esencialmente estamos en la encrucijada histórica de dos fuerzas que quieren dominar nuestra conducta social: la impotencia de las dimensiones humanas y la pobreza de poder idealizar un futuro. Ya hemos percibido que las dimensiones unilateralmente humanas aparentan estar ya agotadas de sus posibilidades para una transformación social efectiva y sostenible.

El sentido sociológico del Ideal Personal está emparentado al ideal del Hombre Nuevo y la Nueva Comunidad. El Padre Kentenich prevé que una nueva comunidad surgirá de hombres y mujeres producto de una autoformación para la libertad interior y comprometido desde, en, y para el amor como la fuerza primordial de su pensar, vivir, y amar. ¿Y cómo vincularse auténticamente a Dios y a otros sin la fuerza primordial del amor? El amor es una decisión libre, y la libertad del Hombre Nuevo es la formación de una voluntad libre de influencias esclavizantes y sanamente enraizada en vinculaciones. La definición de "persona" como "en-relación-con-otro" posee una dimensión que define el ser mediante el imago Dei (¿Quién soy), una dimensión de misión por el imago Christi (¿Cuál es mi vocación?), y la dimensión comunitaria a raíz del imago Dei Trinitatis (¿A quién pertenezco?). ¿Acaso puede uno vincularse sanamente a otros mientras permanece esclavizado a una cultura que relega la imagen y semejanza personal y comunitario (Imago Dei) que Dios imprimió en cada ser humano?

Para el Padre Kentenich, este proceso de educar para un Hombre Nuevo esta enraizada en la realidad ontológica de ser creado como único e irrepetible, ya que la cosmovisión puramente humana ha demostrado su incapacidad para crear cambios substanciales. El término que usa el Padre Kentenich para esta realidad ontológica personal de cada ser humano es el "Ideal Personal". Dice el Padre Kentenich que *"...el ser es una idea divina encarnada, un deseo divino encarnado…"* El Papa Benedicto XVI lo expresa con más detalle:

> La verdad profunda de nuestra existencia está, pues, encerrada en ese sorprendente misterio: toda criatura, en particular toda persona humana, es fruto de un pensamiento y de un acto de amor de Dios, amor inmenso, fiel, eterno (cf. Jr 31,3). El descubrimiento de esta realidad es lo que cambia verdaderamente nuestra vida en lo más hondo. (Benedicto XVI, Mensaje, 10 de agosto 2011).

En otras palabras, cada hombre y cada mujer es una "idea de amor" de Dios hecha realidad. Dios llama a la existencia desde la nada y llama a cada uno por razón de su amor con la esperanza de que cada uno libremente responda. En este sentido, el ser humano podría considerarse como una anomalía dentro de la creación, anomalía en el sentido de que no obedece a los patrones fijos de conducta que muestran el resto de los animales en la creación. Así el orden objetivo humano—el orden de ser— presenta una conciencia de existencia, una cierta superioridad sobre el resto de la creación que apunta hacia el Creador (Christifideles laici, núm. 37.) Nuevamente, dice San Juan Pablo II:

> Si es verdad que nuestras estadísticas humanas, las catalogaciones humanas, los humanos sistemas políticos, económicos y sociales, las simples posibilidades humanas no son capaces de asegurar al hombre el que pueda nacer, existir y obrar como único e irrepetible, todo eso se lo asegura Dios. Por El y ante El, el hombre es único e irrepetible; alguien eternamente ideado y elegido; alguien llamado y denominado por su propio nombre (San Juan Pablo II, Urbi et Orbi, 1978).

Entonces formulamos la siguiente definición sociológica del Ideal Personal:

El Ideal Personal es el llamado particular irrepetible, eternamente ideado y amado, cuya vocación es convertirse en Hombre Nuevo, y como consecuencia, forjar Nueva Comunidad.

Es precisamente el surgimiento de estos "Hombres Nuevos" conducidos por su Ideal Personal quienes crean la Nueva Comunidad porque reconocen que están sacramentalmente unidos unos a otros por el Bautismo, espiritualmente unidos unos a otros por un sentido de Alianza, y moralmente unidos unos a otros por la urgencia de concebir nuevas formas de comunidad que honren sus convicciones y estilo de vida. El Padre Kentenich argumenta que son estos hombres y mujeres los que configuran—desde la Iglesia—un nuevo orden social a partir de sus realidades interiores más profundas. Son personas que aceptan como natural un entrelazamiento de destinos, y que se lanzan al mundo alumbrando la vida cotidiana con estas convicciones, porque los talentos, gracias, y carismas que poseen no son para sí mismos, sino están designados al servicio de otros:

> Las diferencias entre las personas obedecen al plan de Dios que quiere que nos necesitemos los unos a los otros. Esas diferencias deben alentar la caridad (Catecismo, n.1946).

Esencialmente, el Ideal Personal según la definición sociológica ilustra una dimensión comunitaria (¿A quién pertenezco?) que acompaña la dimensión personal (¿Quién soy?) y la de misión (¿Qué debo hacer?). Esta dimensión comunitaria educa la persona a responder a su llamado:

> La vida social no es, pues, para el hombre sobrecarga accidental. Por ello, a través del trato con los demás, de la reciprocidad de servicios, del diálogo con los hermanos, la vida social engrandece al hombre en todas sus cualidades y le capacita para responder a su vocación." (GS 25)

La capacitación para el llamado único y original de cada persona se fragua con las vivencias y experiencias en sus familias, grupos sociales, y más aún en grupos de formación:

(…) "la persona" no es nunca un término general. Siempre denota a esta o aquella persona con todas sus características individuales resultantes de las comunidades en las que ha vivido y en las cuales ha sido formada y se ha formado ella misma. La persona es la resultante de las relaciones que ésta ha tenido con las demás personas y la resultante de las capacidades que esa persona haya desarrollado en ella misma para relacionarse con las demás (Lonergan, B., Philosophy of God and Theology, 1973, pp. 58-59.)

Esta tercera dimensión del Ideal Personal denominado "pertenecer" enfatiza la importancia de los vínculos interpersonales a los procesos de descubrimiento y realización. Esta dimensión surge a raíz de los pensamientos teológicos recientes sobre la Trinidad que interpreta, no solo la dinámica interna sino también una dinámica manifestante expresado en el concepto de comunión. Dice, por ejemplo, la teóloga Catherine LaCugna:

La vida de Dios —precisamente porque Dios es trino— no pertenece sólo a Dios. Dios que habita en la luz inaccesible y en la gloria eterna nos viene a la cara de Cristo y de la actividad del Espíritu Santo. Debido al alcance de Dios hacia la criatura, se dice que Dios es esencialmente relacional, extático, fecundo, vivo como amor apasionado. Por lo tanto, la vida divina es también nuestra vida. El corazón de la vida cristiana es estar unido con el Dios de Jesucristo por medio de la comunión entre sí (Lacugna, C.M. (1991). *God for us: The trinity and Chirstina Life*. New York: Harper).

Es precisamente este entrelazamiento de vidas únicas e irrepetibles donde encontramos un marco de autorrealización. Para LaCugna esto significa que

… la teología trinitaria podría ser descrita como por excelencia una teología de la relación, que explora los misterios del amor, la relación, la personalidad y la comunión dentro del marco de la autorrevelación de Dios en la persona de Cristo y la actividad del Espíritu Santo (Lacugna, C.M. (1991). *God for us: The trinity and Chirstina Life*. New York: Harper).

Al añadir la dimensión "pertenecer" al Ideal Personal queda enfatizado la contribución de una comunidad al Ideal Personal, o sea, la esencialidad de vínculos interpersonales en los temas de amor, personalidad y comunión, temas inherentes a los procesos de descubrimiento y realización.

A nivel de familia y grupo social, cada personal se descubre y enriquece mutuamente desde la originalidad de cada uno. Más aún cuando se participa en grupos que se dedican a la formación de cada uno de sus miembros en todas sus dimensiones, como son nuestros grupos en Schoenstatt.

La importancia de los grupos de formación en Schoenstatt responde directamente a la dimensión social (pertenecer) del Ideal Personal. Primero, el grupo de formación es lugar donde todos hablan el idioma de vivir por medio de ideales. En una cultura donde escasean hombres y mujeres que aspiren a moldear sus vidas mediante ideales, el grupo sirve de refugio y fuente de esperanza. Ya no es necesario luchar solo para lograr ideales. El grupo se nutre y se forma mediante la pedagogía de ideales. El Ideal Personal, el Ideal Matrimonial, el Ideal de Familia, la misión particular del Santuario Hogar, y la misión Internacional, todos forman una constelación de estrellas que sirven a la dimensión del "pertenecer" y conducen hacia el Hombre Nuevo y la Nueva Comunidad. Segundo, el grupo es también una comunidad de auto educadores, y por lo tanto, el grupo es capaz de fomentar la autoeducación y educarse a sí mismo como grupo. La autoeducación es uno de los medios pedagógicos más importantes en Schoenstatt, y el grupo es una comunidad donde se comparten experiencias y sugerencias para mejorar los procesos auto educativos. Mediante el estudio y el intercambio entre participantes, se amplía el horizonte de la realización personal como ser, hacer, y pertenecer, y se visualizan caminos para la profundidad espiritual. Finalmente, el grupo es comunidad de evangelización. Es desde donde cada participante crea conciencia y lleva a cabo la misión esencial de la Iglesia. El núcleo de la evangelización es el testimonio personal, el convencer a otros mediante la riqueza interior y el estilo de vida más que con las palabras. La gracia del envío del Santuario consiste en la fortaleza de volcar la riqueza de nuestro carisma hacia la Iglesia y la sociedad misma, enfrentando al mundo como lo hicieron los profetas de antaño. Es en el grupo (pertenecer) donde recibimos la preparación, la confianza, y el respaldo para propagar las enseñanzas, los valores de las Sagradas Escrituras, y las tradiciones de la Iglesia (hacer) como respuesta al llamado personal (ser).

Naturalmente a todo esto se llega a través de un vigoroso proceso de autoeducación, de conducción providencial y de gracia. Como pueden apreciar, la Obra del Padre Kentenich quiere promover personalidades nuevas para nuevas comunidades y comunidades de comunidades que a modo de una Confederación Apostólica quieren darle a la Iglesia y al mundo un nuevo humanismo enraizado en la "Imago Dei".

<u>Definición pedagógica</u>

Una de las grandes enfermedades del tiempo es una crisis de identidad que se hace manifiesto en el número de personalidades frágiles y subyugados. Estas son personas que obran por instintos en lugar de principios, que se dejan influencia y manipular en lugar de formular sus propios criterios para navegar exitosamente en contra de las corrientes enfermizas. Dejan que los eventos ocurran en su vida, no por una convicción vital de la Divina Providencia, sino por una cierta indiferencia ante lo que suceda en la historia. Estas son personalidades atrofiadas, que han perdido la visión de conjunto natural-sobrenatural y tratan de componer sus vidas con experiencias yuxtapuestas, con remiendos, con vivencias muchas veces contrarias a su orden de ser. Este tipo de persona ve la religión como algo que hay que cumplir, o porque otros lo hacen, o porque es tradición. Les falta convicción y vivencia religiosa. El Papa Francisco lo resume de la siguiente manera:

> Lo que interesa es que cada creyente discierna su propio camino y saque a la luz lo mejor de sí, aquello tan personal que Dios ha puesto en él (cf. 1 Co 12, 7), y no que se desgaste intentando imitar algo que no ha sido pensado para él. (Gaudete et exsultate, n.11)

Lo que el Papa Francisco sugiere es un desenredar del YO Inventado o el "…*intentando imitar algo que no ha sido pensado para él*" del YO Creado o "*aquello tan personal que Dios ha puesto en él*".

El proceso de desenredo entre el Yo Inventado y el Yo Creado es tarea pedagógica. El YO Inventado es fabricado socialmente, impulsado principalmente por una interacción entre la persona y los eventos de la vida. Es actividad egocéntrica, propensa a cultivar tendencias narcisistas, superficial, ya que se basa en atributos, talentos, energías y habilidades más evidentes. El YO Inventado da primacía a su construcción en base a tareas más que sobre el orden de ser, influenciado en gran medida por la ocupación o la profesión como vocación. Es identidad autoconstruida, estructurada a lo largo de experiencias sociales, y por ende, con horizonte limitado.

> El hombre quiere hacerse por sí solo y disponer siempre y exclusivamente por sí solo de lo que le atañe. Pero de este modo vive contra la verdad, vive contra el Espíritu creador (Discurso (Discurso de Benedicto XVI a la Curia Romana con ocasión del intercambio de felicitaciones por la Navidad, 22 de diciembre del 2008.

Por otro lado, el YO Creado surge por medio de un diálogo con lo divino que llama y el uno que responde. El YO Creado tiene raíces en lo divino, es un llamado a servir a los demás (altruismo). Es profundo y auténtico, ya que es el propósito para el que se creó (planes y deseos de Dios) y está orientado a la relación, influenciado por el diálogo con lo divino. La identidad es dada por el amor divino y a la espera de ser descubierta y promulgada:

> Sin su referencia a Dios, el hombre no puede responder a las interrogantes fundamentales que agitan y agitarán siempre su corazón con respecto al fin y, por tanto, al sentido de su existencia. En consecuencia, tampoco es posible comunicar a la sociedad los valores éticos indispensables para garantizar una convivencia digna del hombre. (Discurso del Papa Benedicto XVI durante su visita a la Pontificia Universidad Gregoriana de Roma, 3 de noviembre de 2006).

Existen tres tendencias actuales asociadas directamente con el tema del enredo entre el YO Inventado y el YO Creado que subrayan la urgencia de incorporar el Ideal Personal a la vida espiritual, que son: a) la fascinación por las identidades múltiples y b) la noción de robo de identidad y c) la identidad virtual.

Aparentemente, tanto en la teoría secular como en la práctica, tener múltiples identidades en los tiempos modernos es visto como una condición de salud (Kraus, 2006; Hermans, 2001). Con múltiples identidades, es posible responder de manera efectiva a las demandas psicosociales cotidianas de género racial, etnia, nacionalidad, ocupación, grupos sociales y religión. Aquí, el "yo" se construye en un caleidoscopio de identidades que surgen de "dónde estás y qué haces", donde incluso la religión y la vida espiritual-en el mejor de los casos-son sólo otros subconjuntos de la gama de demandas. De hecho, este enfoque de identidad múltiple considera la religión y la espiritualidad como realidades separadas (Sheridan & Hemert, 1999).

Por supuesto, tener múltiples identidades da sentido a sí mismo en relación con las circunstancias y con los otros (Hogg & Abrams, 1990), pero ¿cuán relevante es un sentido de coherencia de sí mismo y en qué momento se convierte en un problema la fragmentación? Aparentemente para muchos, este sentido de coherencia es un objetivo ya obsoleto:

> La coherencia ya no es un objetivo esperado; más bien, el yo mismo somete la tensión constante entre las identidades y el variado desempeño de esas identidades dependiendo de las circunstancias y estrategias para hacer frente a la multiplicidad". (Josselson & Harway, 2012).

El segundo fenómeno relacionado con la identidad personal que subraya la urgencia de incorporar el Ideal Personal en la vida espiritual es el robo de identidad. Este robo de identidad se ha convertido en uno de los crímenes de más rápido crecimiento en Estados Unidos. Solo en 2016, se estima que 26 millones de personas (o el 10% de todos los residentes de Estados Unidos) denunciaron haber sido víctimas de robo de identidad (Oficina de Estadísticas de Justicia, 2019). Los criminales se han interesado más en lo que se está compartiendo, comunicando, comprando, navegando, charlando, blogueando, leyendo y posteando porque brinda una imagen que puede ser explotada. Por consiguiente, tanto las víctimas como las víctimas potenciales están sometidas a una mayor angustia psicológica (Sharp, et al., 2003). Está demás decir que existe el temor subyacente de que la identidad de uno pueda ser robada en cualquier momento.

Pero este temor también conlleva otras consecuencias indeseadas. La relación entre la identidad virtual y la identidad "auténtica" empieza a desdibujarse de tal manera que una amenaza a uno afecta al otro. Sin embargo, ¿puede alguien realmente "robar" la identidad? La identidad viene de Dios como creador—es el YO Creado—y nadie puede robar esa identidad. Sí, las credenciales y los números de cuenta pueden ser robados, pero cada uno de nosotros es más que simples números de cuenta.

Pero el yo virtual es sólo otra forma que fortalece el YO Inventado. La tecnología de actividades virtuales permite presentar un frente "falso" de uno mismo, una caricatura que procura efectividad virtual. Ya existen programas que pueden alterar el aspecto físico y el timbre de voz para aparentar "más profesional" en el mundo virtual.

Estas tres tendencias contribuyen al enredo entre el YO Inventado y el YO Creado y apuntan a una solución de naturaleza pedagógica.

Estando conscientes de la crisis de identidad y de la necesidad de desenredar el Yo Inventado del Yo Creado, es necesario enfatizar la educación personal por medio de ideales. La meta es descubrir la razón de ser y desplegarla al servicio de Dios.

Ideal Personal es la idea exclusiva que despierta, orienta, y moviliza las fuerzas innatas de la personalidad para desplegarlas al servicio de Dios.

Así el Ideal Personal despierta el potencial al máximo y rompe con barreras artificiales que las amarra. Orienta, en el sentido que canaliza las energías personales hacia la realización de una meta concreta que busca el retorno al corazón de Dios. No solo canaliza las fuerzas, sino que también las moviliza en un continuo aspirar, luchar, y crecer en Dios y para Dios. Así puede cumplirse lo dicho en el Concilio Vaticano II, "El hombre actual está en camino hacia el desarrollo más pleno de su personalidad." (Gaudium et spes, núm. 4).

Resumen

De lo que se ha presentado hasta ahora, es evidente que cada uno de nosotros encarna un pensamiento del amor de Dios. Aunque este pensamiento es unitario, puede expresarse desde varias perspectivas (psicológico, teológico, histórico, pedagógico, sociológico). La variedad de perspectivas permite comprender el potencial y la profundidad que conlleva el Ideal Personal, y permite a cada persona seleccionar la perspectiva que mejor resuene con su orden de ser. Así, por ejemplo, un educador de profesión estaría más inclinado a usar la definición pedagógica como contexto del descubrimiento y realización del Ideal Personal.

Los elementos claves de las definiciones del Ideal Personal son (1) se trata de un ideal (una idea en potencia a ser realizada), (2) es personal (único, exclusivo, irrepetible), (3) que abarca todo el ser (existencia, esencia, natural y sobrenatural), (4) que viene de Dios mismo (creación), y que está al servicio de otros (carismas, comunidad). Para cada persona el Ideal Personal, es pues, una invitación "…a desarrollar armónicamente sus cualidades físicas, morales e intelectuales a fin de que adquieran gradualmente un sentido más perfecto de la responsabilidad den el recto y laborioso desarrollo de su propia vida." (Principios de la Educación Católica, *Gravissimum educationis*, FERE-CECA, 2008, Madrid).

Tarea para este taller

Basado en las lecturas anteriores, explorar e identificar cual definición de Ideal Personal resuena mejor con tu persona.

Preguntas de discusión

1. De acuerdo con las diferentes definiciones, ¿cuál es la relación del Ideal Personal con la "autoeducación"?

2. Schoenstatt es un movimiento eminentemente mariano. ¿Como sería una definición de Ideal Personal en el contexto de la relación con la Santísima Virgen?

3. En varias de las definiciones de Ideal Personal resaltan efectos sobre vida comunitaria. ¿Cuál es la relación entre Ideal Personal y el Ideal de Grupo?

4. En el caso de un matrimonio, ¿cuál es la relación entre Ideal Personal y el Sacramento matrimonial?

Taller 6
En Palabras del Padre
José Kentenich

"Si Dios nos ha pensado a cada uno desde toda la eternidad, es lógico también que nos haya dotado con las disposiciones que permitan la realización de esta idea."

José Kentenich

Taller 6. En Palabras del Padre José Kentenich

"¿Qué entendemos por Ideal Personal?... Es la idea original que desde la eternidad ha tenido Dios de mi persona y mi misión... y que puso en la base de mis talentos y mis disposiciones naturales y sobrenaturales."

"Mi interior es por cierto totalmente distinto del tuyo. Cada una de nosotras debe desarrollar su individualidad para llegar a ser una persona íntegra. Recién entonces habrá una verdadera alegría en el trabajo de autoeducación."

"Que imitemos a otros sin tener en cuenta la propia originalidad es un trabajo inservible que nos deja insatisfechos y que no nos permite llegar a ser personalidades fuertes e íntegras."

"No somos meros números, personas anónimas condenadas a una ociosa inactividad, sino factores esenciales de los cuáles dependen muchas cosas."

"¿Cómo descubrir mi Ideal Personal? El camino común: para comprender las fuentes comunes de conocimiento, recordemos que Dios no sólo habla a través de palabras, sino también de hechos. A través de palabras habla, por ejemplo, en las Sagradas Escrituras o en las inspiraciones y motivaciones interiores. Pero más allá de eso habla también a través de sus obras: él me ha dado una manera de ser muy original, me modeló para que cumpliese una misión muy determinada... Sólo tengo que observar mis diversas inclinaciones y las conducciones de la gracia."

"No abandonemos nuestra individualidad, ese sello de nuestro ser y obrar que nos es propio, que nos es innato. No midamos a todos con la misma vara, no seamos malas copias de un modelo, no seamos copias, porque cada uno de nosotros ha de ser original."

"El Ideal Personal es una verdad vivida, experimentada personalmente. Es expresión de mi vivencia personal de los valores, de mi vivencia central, es una semilla que ha germinado y comienza lentamente a crecer y madurar desde lo interior... Con extraordinaria facilidad el Ideal Personal genera personalidades firmes. ¿Por qué muchas personas no son suficientemente autónomas y confiables?"

"El Ideal Personal es la tendencia o temple fundamental del alma en gracia. Una tendencia o temple querido por Dios y que, mantenido con fidelidad... madura hacia la plena libertad de los hijos de Dios."

"Hay que distinguir entre ideal de personalidad e ideal de misión. Ideal de personalidad: a Dios le gustaría que mi afectividad fuese más rica y mi entendimiento más claro. Vale decir que en este punto es mi personalidad la que está en el primer plano. Santificación de sí mismo. Ideal de misión: aquí se coloca en el primer plano la tarea que Dios me ha fijado. Dios me ha modelado tal como soy con mira a una misión que tengo que cumplir. Por Ideal Personal entendemos ambas cosas..."

"Reflexionen un poco sobre la interrelación entre personalidad y misión. Me educo para una tarea. Pero a la vez soy educado por una tarea. En la mayoría de los casos nosotros, los adultos, nos formamos más a través de las tareas que de un trabajo directo sobre nuestra naturaleza."

"El timbre espiritual, el Ideal Personal, es precisamente aquello que en la vida del hombre hace converger todas las acciones hacia un valor central."

Tarea para este taller

Esta tarea presume un estudio de la vida y escritos del Padre Fundador y sobre el Padre Fundador. La tarea específica es determinar cuál es tu frase favorita del Padre José Kentenich. ¿Qué efectos tiene esta frase sobre tus aspiraciones, deseos, y esperanzas personales? Resumir con una sola palabra.

Una segunda tarea para este taller consiste en leer nuevamente la oración que hiciste para la Alianza de Amor con la Mater y resumir el sentido de esa oración en tres palabras.

Preguntas de discusión

1. ¿De qué maneras las definiciones de Ideal Personal discutidas anteriormente hacen eco con las palabras del Padre Kentenich?

2. ¿Qué se observa en las palabras del Fundador de Schoenstatt que faltan en algunas de las definiciones presentadas anteriormente?

3. ¿De qué maneras el Ideal Personal conecta con la espiritualidad de Schoenstatt?

Taller 7
Autobiografía
Estructurada

"Somos libres. Somos libres para el don de la libertad que nos ha dado Jesucristo. Pero nuestro trabajo es mirar lo que sucede dentro de nosotros, discernir nuestros sentimientos, nuestros pensamientos y qué acontece fuera de nosotros, y discernir los signos de los tiempos. Con silencio, reflexión y con la oración"

Papa Francisco

Taller 7. La Autobiografía Estructurada

La vida personal se compone de muchas piezas individuales que componen el "retrato" del Yo Creado. Dios habla mediante la historia, así que mediante la historia personal es posible escuchar la voz de Dios hablando sobre la propia identidad. Cada situación, circunstancia, evento, reacción, deseo, aspiración, o dificultad en mi vida es parte del diálogo con Dios sobre el Yo Creado.

> La vocación no es una historia antes de la historia, como si Dios presentara un plan completamente trazado y la persona solo lo elije o rechaza... La persona vive la vocación cada día, cada momento y en todos los momentos... Conviene evitar, al hablar de esta cuestión, toda comprensión antropomórfica del designio divino, como si fuera una historia ya escrita, en una especie de texto teatral ya redactado de antemano que se trataría simplemente de representar. Nada más lejos de la realidad, pues eternidad no es un tiempo antes del tiempo, sino la plenitud del ser y de vida co-extensiva a todo el tiempo (Ratzinger, J., 2013. *Introducción al Cristianismo*, Salamanca: Ediciones Sígueme, p264).

La manera más concreta y valiosa para descubrir el Ideal Personal con mayor claridad es mediante la historia de la propia vida. El Padre José Kentenich dice,

> ¿Cómo descubrir mi Ideal Personal? El camino común: para comprender las fuentes comunes de conocimiento, recordemos que Dios no sólo habla a través de palabras, sino también de hechos. A través de palabras hablada, por ejemplo, en las Sagradas Escrituras o en las inspiraciones y motivaciones interiores. Pero más allá de eso habla también a través de sus obras: él me ha dado una manera de ser muy original, me modeló para que cumpliese una misión muy determinada... Sólo tengo que observar mis diversas inclinaciones y las conducciones de la gracia.

Un recorrido por la vida en forma autobiografía es un caminar de obras y hechos que con atención a las inspiraciones de la divina providencia y por medio del discernimiento, proveen pistas para el descubrimiento del Ideal Personal. Los eventos de la vida, las inclinaciones personales, y la conducción de la gracia ayudan a vislumbrar las "siluetas" del Ideal Personal. La fuente de estas siluetas del Ideal Personal es el diálogo con Dios mediante la Fe Práctica en la Divina Providencia. La validación de los descubrimientos que vienen de esa fuente ocurre mediante el discernimiento. La libertad es necesaria para poder poner en práctica lo que se descubre y valida. A continuación, una presentación más detallada de estas tres predisposiciones:

a. Fe Práctica en la Divina Providencia

La Fe Práctica en la Divina Providencia nos lleva a buscar la voluntad de Dios en los acontecimientos concretos de la gran historia y de nuestra propia historia personal. El Padre Kentenich afirma que es Dios quien gobierna y conduce el mundo y la historia, Dios Padre ejerce esa conducción motivada por el amor a cada uno de nosotros. Cada uno de nosotros nace del amor de Dios y Él nos conduce para que cada uno regrese a Dios.

> Pero el eterno plan de Dios se nos revela a cada uno sólo a través del desarrollo histórico de nuestra vida y de sus acontecimientos, y, por tanto, sólo gradualmente: en cierto sentido, de día en día (Chritifidelis laici, num. 58)

El Ideal Personal es en sí un acto providencial de parte de Dios Padre. Un acto que contempla la trayectoria personal en la historia y la colaboración personal libre de los propios talentos al bienestar de los demás. Cada persona existe para un rol creado desde la eternidad, para el tiempo increado (la eternidad), pero específico dentro del tiempo creado del recorrer de la historia. Es el rol de amar a Dios y amar a otros como Dios los ama.

La acción que conecta el Ideal Personal y la Fe Práctica en la Divina Providencia es el diálogo diario y continuo (oración, meditación, Sacramentos, etc.). Es un diálogo personal y comunitario para consentir las circunstancias históricas de la vida. Es un diálogo que reside más en el corazón que en la mente, y por eso es un acto de fe. Es un diálogo con otros, que también como colaboradores y causas segundas pueden ayudar a esclarecer la trayectoria deseada por Dios.

Pero no siempre se percibe correctamente los deseos de Dios. Hay que reconocer que las interpretaciones personales de las intervenciones divinas pueden estar influenciadas por deseos, prejuicios, y otras influencias externas. Entonces hace falta un método para mitigar estas influencias, y para ello es esencial el discernimiento.

b. Método de Discernimiento

Para efectos prácticos, discernimiento es un "instrumento para distinguir", y en el caso del Ideal Personal, es distinguir los deseos y planes de Dios al crearnos. Discernimiento por definición está relacionado con el juicio correcto, con la habilidad de distinguir y comprender el significado de eventos o par la selección juiciosa de un curso de acción. La palabra "discernimiento" viene del sufijo latín "mentum," que significa "medio o instrumento" y discernir del latín "discernere" que significa "distinguir." Discernimiento es entonces un instrumento para distinguir, diferenciar, destacar, y desenredar. La palabra "discernir" muchas veces es sinónimo de juicio, perspicaz, distinguir, comprender." Es un método para descubrir y realizar la voluntad de Dios.

La palabra que se usa mucho es "perspicacia", o el poder percatarse de cosas que de otra manera pasan inadvertidas. En inglés "perspicaz" significa "being insightful." Aquí tenemos una definición más formal.

Por discernimiento de espíritus se significa el proceso por el cual nosotros examinamos, a la luz de la fe y en la connaturalidad del amor, la naturaleza de los estados espirituales que experimentamos en nosotros y en los demás. El propósito de tal examen es decidir lo más posible cuáles de los movimientos que experimentamos nos llevan al Señor y a un servicio más perfecto de Él y de nuestros hermanos, y cuáles nos apartan de este fin... Cuando hablamos de connaturalidad del amor nos referimos a un conocimiento de fe y amor, es decir, no se trata tanto de un razonamiento y de un análisis, sino de ese conocimiento que procede de la experiencia de alguien a quien amamos. (Thomas H. Green. *La cizaña en el trigo*, Narcea, 1992, p. 51).

En la Iglesia hay una variedad de modelos para discernir. Para nosotros en Schoenstatt, el método de discernimiento nos llega de nuestro Fundador y consiste en 5 pasos: Escuchar, Discernir, Decidir, Realizar, y Verificar. Estos pasos se describen a continuación:

Escuchar la voz de Dios que habla, tanto en las circunstancias, como en el corazón… *"Háblame sobre la razón por la cual me creaste, enséname lo que es artificial en mí, apunta a donde quieres que ejerza los talentos y habilidades que me has dado, indícame el camino hacia mi identidad y misión..."*

Discernir, o definir las posibles vías de acción que derivan de encuentro amoroso, comparar, rezar, evitar conformarme con solo lo bueno y cómodo, sino aspirar a lo óptimo. *"Ayúdame a ver lo artificial, lo que he inventado en mí que menosprecia tus planes, que me aleja del Yo Creado. Enséñame la imagen de lo que debo ser y lo que debo hacer con mi vida."*

Decidir por una imagen, frase, símbolo, o metáfora que—aunque imperfecto—mejor representa en este momento de mi vida el Yo Creado a la luz de lo que he escuchado y discernido. *"¿Qué imagen, símbolo, frase, o metáfora resume tu querer para mi vida?"*

Realizar, o usar esa imagen, frase, símbolo, o metáfora para inspirar, formular y comenzar proyectos de formación espiritual que me lleven del YO Inventado al YO creado. *"¿Qué cambios en mi vida deben ocurrir para poco a poco irme formando por la imagen, símbolo, frase o metáfora que he seleccionado?*

Verificar. Es efectuar una armonía entre disciplina y apertura: enfrentarse valientemente con los tropiezos de la "conversión" pero a la misma vez estar atento a las "Voces" que reclaman realineamientos o refinamientos. Verificar por medio de la resultante creadora la fidelidad a la voluntad de Dios. Una de las mejores medidas de verificación es el grado de fecundidad que acompaña las acciones tomadas.

El Padre Kentenich describe este modelo como un impulso y una actitud fundamental que correctamente cultivado lleva hacia la plenitud. O de otra manera, el Padre caracteriza el discernimiento como un buscar y realizar en la práctica la voluntad de Dios en los acontecimientos personales y en los acontecimientos históricos.

c. Mayor libertad interior

La libertad interior es fundamental para amar, porque amar requiere una respuesta libre. Libertad para amar, libertad para amar plenamente a Dios, a su deseo y voluntad. Cada persona es creada por un acto de amor de Dios que engloba su deseo y su voluntad. Pero el amor de Dios—

como todo amor—urge una respuesta libre. Así que la realización del acto amoroso de creación personal solicita de parte de cada persona una afirmación y entrega total.

La realización de ese deseo y voluntad divina depende del reconocer y vivir la irrepetibilidad y originalidad personal en un momento del tiempo creado. La realización del Ideal Personal no consiste en seguir un libreto teatral o una receta predeterminada sino el cumplimiento de los deseos divinos en tiempo creado. Cada persona fue creada en el *tiempo eterno* pero la inserción en el *tiempo creado* es un momento de decisión y oportunidad de libremente realizar la originalidad que procede del acto divino de creación personal. Por eso la libertad es fundamental para amar:

> ¿A qué se arriesga Dios al hacerlo? ¡A que se den millones de abusos de la libertad! Si leen los versos de Hirtenspiegel (El Espejo del Pastor), verán con cuánto respeto y calidez aparece allí la idea de que, observando el actuar de Dios y su gobierno del mundo, debo constatar el infinito respeto que Dios tiene por la libertad del hombre. Y un respeto tal que, incluso, llega a aceptar que muchos hombres hagan un uso erróneo de su libertad. ¡Qué fácil le hubiese resultado obligar al hombre! Pero no. Él nos deja la libertad. ¿Qué significa esto? ¡Qué tremendo respeto tiene Dios por la libertad del hombre! (Retiro para sacerdotes de la Federación, 1967)

Consecuentemente, la libertad interior es necesario para amar. La Alianza Bautismal se funda en la libertad. La Alianza Matrimonial se funda en la libertad. La Alianza de Amor con María se funda en la libertad, como lo expresa la oración "Recibe Señor" en el Hacia el Padre

> Por manos de mi Madre
> Recibe, Señor,
> La donación total de mi libertad soberana:
> toma mi memoria, los sentidos, la inteligencia;
> recíbelo todo como signo de amor.

Así también la realización del Ideal Personal como acto de amor divino se funda en la libertad. Por lo tanto, al recorrer los eventos, experiencias, inspiraciones, y tropiezos vividos es recomendable reconocer aquello que limita o impide la libertad interior.

<u>La autobiografía estructurada</u>

Por ello, la autobiografía es la manera más concreta y valiosa para descubrir el Ideal Personal, ya que es como un compendio de las huellas que Dios ha dejado en la vida personal. Sin embargo, la autobiografía es la más tediosa de los métodos de descubrimiento, porque requiere mucho tiempo y energía para completar. La vida está llena de eventos, algunos fáciles de interpretar, otros más confusos, y aun otros que tienden a complica innecesariamente el proceso de descubrimiento. Para ello, es esencial (a) una fina sensibilidad para la divina providencia y (b) destrezas de discernimiento.

El recorrido por resumen de la vida en forma autobiografía es un caminar entre obras y hechos pasados que con atención a las inspiraciones de la divina providencia y por medio del discernimiento y la libertad proveen pistas para el descubrimiento. Los eventos significativos de la vida, el resultado de las inclinaciones personales, y los caminos libremente recorridos por la conducción de la gracia ayudan a vislumbrar las "siluetas" del Ideal Personal:

> En ese diálogo de la historia personal, Dios quiere que la libertad de la persona intervenga en la configuración de la misma vocación (Marti, P., 2018, *Scripta Theologica*, 50, p. 442).

Las hojas de trabajo que siguen a continuación se ofrecen para facilitar la investigación autobiográfica. Consiste en una serie de preguntas que requieren tiempo de reflexión y oración, honestidad y sinceridad consigo mismo.

Tarea para este taller

Hacer anotaciones personales al contestar cada pregunta en las hojas de trabajo a continuación. Hay que recordar que este proceso toma mucho tiempo, y de seguro habrá momentos que requieren discernimiento (Escuchar, Discernir, Decidir, Realizar, y Verificar). Pero la autobiografía, pese a ser la más complicada de las técnicas de descubrimiento, es la manera más concreta y valiosa para descubrir el Ideal Personal.

Preguntas de discusión

1. ¿Qué criterio usarías para determinar cuáles eventos en la vida son de más relevancia para el Ideal Personal?

2. ¿Qué recursos usarías para refrescar tu memoria sobre eventos que podrían ser significativos?

3. ¿Cuál es la experiencia espiritual más significativa en tu vida y qué representa en el contexto del Ideal Personal?

1. Durante mi vida ¿cuáles son algunas circunstancias o eventos donde he dado mi máximo? Describe esas situaciones. ¿Qué impacto tuvo estos esfuerzos sobre los otros a mi alrededor?

_____

_____

_____

_____

_____

_____

_____

_____

_____

_____

_____

_____

_____

_____

_____

_____

_____

_____

_____

_____

_____

2. ¿Qué comentarios otros han hecho de mi dónde lo tomo en serio y efectúo los cambios sugeridos? ¿Qué comentarios otros han hechos sobre mí que he decidió ignorar? ¿Por qué?

3. ¿Qué tipos de personas me agradan? ¿Qué tipo de personas me desagradan?

4. ¿Cuáles son algunas características, talentos, o dones especiales que me distinguen de entre los demás?

_____

_____

_____

_____

_____

_____

_____

_____

_____

_____

_____

_____

_____

_____

_____

_____

_____

_____

_____

_____

_____

5. ¿Cuáles son las excusas que más uso o que he usado con frecuencia cuando estoy en aprietos?

_____

_____

_____

_____

_____

_____

_____

_____

_____

_____

_____

_____

_____

_____

_____

_____

_____

_____

_____

_____

6. ¿Qué clase de actividades o situaciones me motivan? ¿Qué clase de actividades o situaciones me deprimen?

_____

_____

_____

_____

_____

_____

_____

_____

_____

_____

_____

_____

_____

_____

_____

_____

_____

_____

_____

_____

_____

_____

_____

7.   ¿Qué hago habitualmente sin pensarlo mucho? ¿Cuál de esos hábitos sería de mi beneficio si me detuviera y pensara antes de actuar?

_____

_____

_____

_____

_____

_____

_____

_____

_____

_____

_____

_____

_____

_____

_____

_____

_____

_____

_____

_____

_____

8. ¿Cuál ha sido mi actitud ante las grandes dificultades de mi vida? Medita y determina cual es el hilo común.

_____

_____

_____

_____

_____

_____

_____

_____

_____

_____

_____

_____

_____

_____

_____

_____

_____

_____

_____

_____

_____

9. ¿Qué tipos de tareas se me hacen fáciles realizar? ¿Qué tipo de tareas se me hacen difíciles de realizar?

_____

_____

_____

_____

_____

_____

_____

_____

_____

_____

_____

_____

_____

_____

_____

_____

_____

_____

_____

_____

10. ¿En qué momentos me he sorprendido a mí mismo (a mí misma)?

11. ¿Qué actividades me energizan? ¿Qué actividades drenan mis energías?

_____

_____

_____

_____

_____

_____

_____

_____

_____

_____

_____

_____

_____

_____

_____

_____

_____

_____

_____

_____

_____

12. ¿En qué reconozco que me he puesto límites artificiales? ¿Cuáles son esos límites artificiales?

_____

_____

_____

_____

_____

_____

_____

_____

_____

_____

_____

_____

_____

_____

_____

_____

_____

_____

_____

_____

13. ¿Qué descubrimiento significativo y reciente he hecho sobre el desarrollo de mi propia personalidad?

_____

_____

_____

_____

_____

_____

_____

_____

_____

_____

_____

_____

_____

_____

_____

_____

_____

_____

_____

_____

_____

14. ¿Qué evento o circunstancia en mi vida ha causado en mi uno de los momentos espirituales de más profundidad? Describe la experiencia.

_____

_____

_____

_____

_____

_____

_____

_____

_____

_____

_____

_____

_____

_____

_____

_____

_____

_____

_____

_____

_____

15. De todas las oraciones que rezas, ¿cuál es mi oración o plegaria preferida? ¿Por qué?

_____

_____

_____

_____

_____

_____

_____

_____

_____

_____

_____

_____

_____

_____

_____

_____

_____

_____

_____

_____

16. ¿Cuál es la imagen, parábola o situación en la vida de Jesucristo o en la Biblia que por años me ha llamado la atención y que asocio con mi vida?

_____

_____

_____

_____

_____

_____

_____

_____

_____

_____

_____

_____

_____

_____

_____

_____

_____

_____

_____

17. ¿En qué circunstancias he podido exclamar "Yo nací para esto"? Describe la situación y por qué crees que es cierto.

_____

_____

_____

_____

_____

_____

_____

_____

_____

_____

_____

_____

_____

_____

_____

_____

_____

_____

_____

18. ¿Cuál es el lugar y las circunstancias donde mejor me siento a gusto espiritualmente?

_____

_____

_____

_____

_____

_____

_____

_____

_____

_____

_____

_____

_____

_____

_____

_____

_____

_____

_____

_____

_____

19. ¿Cuáles son las cinco habilidades o talentos más destacadas de mi personalidad que sé son regalo de Dios?

_____

_____

_____

_____

_____

_____

_____

_____

_____

_____

_____

_____

_____

_____

_____

_____

_____

_____

_____

_____

_____

20. ¿Quién es la persona que más ha contribuido al despertar o al progreso de mi vida espiritual? ¿Qué logró en mi esa persona?

_____

_____

_____

_____

_____

_____

_____

_____

_____

_____

_____

_____

_____

_____

_____

_____

_____

_____

_____

21. ¿Qué puedo intuir es la misión de mi vida?

22. ¿Cuál es la imagen que tengo de Dios y cómo describo mi relación con El?

_____

_____

_____

_____

_____

_____

_____

_____

_____

_____

_____

_____

_____

_____

_____

_____

_____

_____

_____

_____

23. ¿Qué tendencias o hábitos he desarrollado a través de los años que me alejan de una relación más personal e íntima con Dios?

_____

_____

_____

_____

_____

_____

_____

_____

_____

_____

_____

_____

_____

_____

_____

_____

_____

_____

_____

24. ¿Qué impacto han tenido las gracias sacramentales en mi vida?

_____

_____

_____

_____

_____

_____

_____

_____

_____

_____

_____

_____

_____

_____

_____

_____

_____

_____

_____

_____

_____

25. ¿Cómo describo me relación con María, la Madre de Dios?

26. ¿Cuál es la comunidad o grupo que más ha influenciado el rumbo de mi vida?

27. ¿Cuál es el lugar que me provee más serenidad y sanación interior? Describe en detalle.

28. ¿Cómo describes la relación con tu mamá? ¿Con tu papá?

_____

_____

_____

_____

_____

_____

_____

_____

_____

_____

_____

_____

_____

_____

_____

_____

_____

_____

_____

_____

_____

29. ¿De qué maneras mis labores diarias actuales (en casa, empleo, profesión, ocupación) apuntan hacia el propósito de mi vida?

_____

_____

_____

_____

_____

_____

_____

_____

_____

_____

_____

_____

_____

_____

_____

_____

_____

_____

_____

_____

30. ¿Qué libro, pasaje, situación, o personaje en la Biblia mejor resume mi vida?

Taller 8
Técnicas de Personalidad

"No me gusta el trabajo; pero me gusta que, en el trabajo, tenga la ocasión de describirme a mí mismo"
Joseph Conrad

Taller 8. Técnicas de Personalidad

En este taller se ofrecen dos técnicas adicionales como piezas del "rompecabezas" para descubrir el Ideal Personal: el temperamento dominante y la técnica de personalidad es ejemplares.

La metáfora del rompecabezas es una imagen valiosa para entender la dinámica de trabajar técnicas independientes y luego usaras para formular la frase del Ideal Personal. En un rompecabezas hay gran número de piezas pequeñas, algunas fáciles de conectar y otras que requieren más paciencia para encontrar como conectarlos al todo para ver la imagen destinada. Para "ver" la imagen que representa la totalidad de las piezas es necesario estudiarlas con detenimiento. Al igual que el caso de rompecabezas no es necesario tener todas las piezas conectadas para tener una idea general de la imagen que resultaría. De igual manera, aunque falten piezas para completar la imagen a perfección, las diferentes técnicas presentadas en este cuaderno de trabajo representan piezas claves de un rompecabezas de la persona, que, al conectarse proveen mejor visibilidad sobre el Ideal Personal.

Temperamento Dominante

El temperamento consiste en el conjunto de cualidades personales que se manifiestan de formas variadas, como en la afectividad y emociones, las tendencias e inclinaciones, las reacciones, los hábitos y la conducta en general. El mérito del temperamento para descubrir el Ideal Personal radica precisamente en ver qué conjunto de estas cualidades mejor describe a la persona y mediante esas cualidades, ver que Dios ha querido como la razón de ser. El origen del concepto de los temperamentos surgió con Hopocartes (460-370 AC). Su interés y observación de la conducta le llevaron a distinguir cuatro clasificaciones generales o tipos de personalidad: Sanguíneo, Colérico, Melancólico, y Flemático.

Los romanos contribuyeron poco al desarrollo intelectual de los temperamentos, conformándose con los cuatro temperamentos griegos. Más aún, los temperamentos incurrieron en pocas alteraciones hasta el siglo XIX. El filósofo alemán Emanuel Kant fue quien prepagó con más intensidad por toda Europa el uso de los cuatro temperamentos. Es para fines de siglo done el estudio de la conducta humana recibe un nuevo ímpetu con el nacimiento de las ciencias psicológicas. Por un lado, es estudio de los temperamentos recibe apoyo científico, como el ofrecido por el Dr. Wilhelm Wudt, quien también se considera uno de los fundadores de la psicología moderna. Pero por otro lado el estudio de los temperamentos recibe grandes golpes, con la teoría de psicoanálisis del Dr. Sigmund Freud, quien sostenía que la personalidad estaba determinada por el ambiente. Finalmente, psicólogos modernos se interesaron más en los temperamentos como campo de estudio, y algunos llegaron a justificar la existencia de ocho, doces y hasta dieciséis temperamentos diferentes.

El diagrama presentado en las páginas siguientes ofrece un panorama general de las cualidades (exterior al círculo) y defectos (interior al círculo) de cada uno de los cuatro temperamentos.

El temperamento dominante—como una pieza adicional del rompecabezas para componer la frase del Ideal Personal— provee dos contribuciones al descubrimiento del Ideal Personal. Ya que el temperamento es un compendio de características, de allí pueden detectarse carismas o talentos regalados por Dios a cada persona. Esos carismas y talentos reflejan la irrepetibilidad y originalidad personal. Como segunda contribución, es la asociación de temperamentos con ocupaciones o profesiones. Por regla general, las características típicas de cada temperamento proveen inclinaciones a ciertas ocupaciones o profesiones. A continuación, una breve reseña de cada temperamento:

<u>Coléricos</u>: Por lo general les encanta la construcción, debido a sus tendencias a la productividad, y frecuentemente acabará como encargado o como supervisor de proyectos. Es desarrollador por naturaleza. La mayor parte de los empresarios son coléricos. Son los que formulan las ideas y son lo bastante atrevidos como para lanzarse en nuevas direcciones. Aventureros. Les va muy bien en el campo de las ventas, de la enseñanza (pero siempre de asignatura prácticas), de la política, de la milicia, de los deportes, entre otros. Los más grandes generales, dictadores y mafiosos han sido principalmente coléricos. Raramente se encontrará a un colérico como cirujano, dentista, filósofo, inventor o relojero.

<u>Sanguíneos</u>: Son de tipo vendedor, orientados al trato personal, se destacan en las relaciones públicas, en la ayuda a las personas, o en cualquier actividad que demande carisma. Son buenos actores, presentadores, y predicadores. Son destacados maestros de ceremonias y en ocasiones líderes. Tiene un carisma ardiente. En el área de ayuda a las personas, son sobresalientes como personal hospitalario. No son nunca moderados en nada, ni muy propensos al detalle. No importa el tipo de trabajo en el que entra el sanguíneo, debiera darle siempre un extenso contacto con la gente. Prefieren las relaciones interpersonales al trabajo administrativo.

<u>Melancólicos</u>: Son individuos creativos y analíticos con intensas tenencias perfeccionistas y con frecuentes rasgos estéticos. Entre las profesiones que realizan están compositores, artistas, músicos, inventores, filósofos, teóricos, teólogos, científicos y educadores. Es apto para cualquier vocación que demande perfección, abnegación y creatividad. Casi todas las vocaciones humanitarias le atraen, como la medicina. Se frustra por lo general ante los problemas normales en el trato con el personal. Muchos vienen a ejercer oficios de alta calidad: ebanistas, albañiles, instaladores, yeseros, científicos, jardineros, escritores, de obras de teatro, autores, mecánicos, ingenieros, y miembros de casi cualquier profesión que dé un servicio significativo a la humanidad.

<u>Flemáticos</u>: Son individuos considerados personas frías y dados al detalle, tienden a autolimitarse. Pueden llevar a cabo trabajos estadísticos, microscópicos que volverían locos a otros. Es un maestro en cualquier cosa que demande una paciencia meticulosa

y una rutina diaria. Son buenos maestros de escuela primaria, ya que aseguran la atmósfera ideal para el aprendizaje en esa etapa. En otros niveles son buenos para impartir clases de matemáticas, física, gramática, literatura, lenguaje, y otras materias. Atraídos por la planificación y el cálculo, resultan buenos ingenieros de estructuras, expertos sanitarios, ingenieros químicos, dibujantes técnicos, ingenieros civiles y mecánicos, y estadísticos. Están bien organizados, nunca llegan tarde ni sin preparación a una reunión, tienden a trabajar bien bajo presión, y son extremadamente confiables.

Los cuatro temperamentos son una herramienta beneficiosa para estudias la propia personalidad, pero puede ser peligroso si no se toma en consideración los posibles abusos de este método:

Una aplicación indiscriminada del temperamento podría convertirse en un juego, en un pasatiempo. Bajo este abuso cada persona es catalogada en público, sin consideración al herir al otro. "Este es un puro colérico…" "Ella es lenta porque es flemática…" Aun en forma de broma, la clasificación en público es ofensiva y de mal gusto.

Aun cuando el análisis del temperamento de otro deje de hacerse en público puede convertirse en una mala costumbre. Con ello se quiere aspirar a "un mejor temperamento" cuando en realidad un temperamento no es mejor que otro. El temperamento es un modelo teórico de conducta y de ninguna manera predice el comportamiento, ni es un molde para artificialmente dar forma a la personalidad.

Otro problema que puede ocasionar el mal uso de la técnica es como excusa. Hay la posibilidad de usarlo como defensa para justificar defectos y fracasos. Alguien que excusa su falta de energía a que es flemático, o su genio violento porque es colérico está usando su temperamento como excusa.

Rara vez existen temperamentos "puros" y lo más seguro es que cada personal posea una combinación de temperamentos. En la realidad, nadie se caracteriza por un solo temperamento, pero es un aspecto importante para el estudio de la personalidad en el contexto del Ideal Personal y en los proyectos de autoeducación que siguen.

Personalidades Ejemplares

Una segunda técnica efectiva para descubrir aspiraciones y deseos innatos a la personalidad es mediante el estudio de Personalidades Ejemplares. Estas son personalidades históricas, amistades particulares que uno admira, el personaje de algún libro o película, que posee un atractivo especial y el deseo de imitar. El atractivo de estas personalidades se basa en un efecto muchas veces subconsciente, de convertir los logros de esas personalidades en aspiraciones propias.

El proceso de usar a "otros" como foco de las propias aspiraciones es algo que atañe las ciencias psicológicas y las teorías de aprendizaje. El estudio profundo de estas disciplinas va más allá de los objetivos de este cuaderno. Sin embargo, es útil presentar algunos de estos temas para comprender el uso y posibles abusos de este fenómeno.

A pesar de su significando parecido, es necesario distinguir entre "imitación" e "identificación". Imitación se refiere a copiar un manierismo o una acción discreta, así como un hijo repite un hábito de su padre o una hija copia el gesto de su madre. Identificación ofrece cuando la acción o el gesto está amparado en las propias capacidades. La diferencia entre imitación e identificación está en que uno es estrecho y artificial, mientras que el otro es abarcador y natural. Esta diferenciación es esencial para comprender la dinámica personal con personalidades ejemplares.

La identificación con un personaje es una manera de aprender que ocurre con mayor facilidad durante la niñez y disminuye (pero no desaparece) con la edad. Es una manera simple y rápida de aprender, adquirir y ordenar secuencias complejas de conducta que se fundamentan en las aspiraciones y deseos innatos. Estas personalidades ejemplares dejan entrever aspiraciones, deseos, y talentos propios del desarrollo de sí mismo y son ejemplos de cómo estas personas realizan al máximo sus potencialidades al servicio de una causa.

El proceso de identificación mediante personalidades ejemplares ocurre naturalmente, pero con más deliberación se convierte en una técnica de formación. Esta manera de aprender contribuye al Ideal Personal de tres maneras. Primero, es una afinidad y deseo que surge del interior. Segundo, es una imagen de conjunto que facilita el proceso de encontrar unidad en las propias fuerzas interiores. Y tercero, sirve de estímulo para desarrollar en sí mismo las capacidades observadas.

Existen una gran variedad de vidas ejemplares, pero en este cuaderno se enfatizan aquellas que poseen contexto espiritual, religioso, y eclesial. La razón de ello es mantener la vivencia de la armonía natural-sobrenatural y a la vez mitigar tendencias que promueven el Yo Inventado. La realidad sobrenatural es ineludible al Ideal Personal y lo religioso contrarresta tendencias seculares. Por lo tanto, se sugiere considerar vida de santos, doctores de la Iglesia, confesores, mártires, y la vida de los Santos Padres. Las fuentes de información de estas personas se encuentran libros, revistas, y fuentes en la red internet. Muchas veces frases que usan estas personalidades ejemplares sirven como invitación a una exploración más detallada. He aquí algunos tomado de un libro de Santos, Beatos, y personalidades históricas:

"Quiero a toda costa no sólo amar a mi vecino, sino mantenerlo enamorado de mí".
St. Marguerite Bourgeoys (1620-1700)

"Cada momento que vivimos es como un embajador que declara la voluntad de Dios"
Jean-Pierre de Caussade (1675-1751)

"Amar a los pobres, honrarlos, como honrarías a Cristo".
St. Louis de Marillac (1591-1660)

"Soy tu mensaje, Señor".
Madre María Skobtsova (1891-1945)

"Me hago leproso con los leprosos para ganar todo por Cristo"
Bd. Damen of Molokai (1840-1899)

"No hay lazo sino el lazo del amor".
St. Philip Neri (1515-1595)

"Presencia total en el ahora, ¡Santidad!"
Anthony de Mello (1932-1987)

"A Cristo, Dios y Hombre, enfermo en la persona de los pobres — homenaje al amor".
St. Camilus de Lellis (1550-1614).

"La cruz es mi porción —es mi dulce descanso y apoyo".
Bd. Mary McKillop (1842-1909)

"Señor, aumenta mis sufrimientos y con ellos aumenta tu amor en mi corazón."
St. Rose of Lima (1586-1617)

"Soy para Dios y los pobres."
St. Vincent de Paul (1581-1660)

Tarea para este taller

En las páginas que siguen hay una prueba sencilla para determinar el temperamento dominante. La prueba sencilla de temperamento pide que usando valores del 1 – 10, anote la intensidad de cada una de las 36 características presentadas en cuatro columnas (A, B, C. D) que mejor te describen. Si es un rasgo dominante, puede expresarse como un 9 ó 10, pero si trata de una característica débil o ausente, anota el 1 ó un 0. Los valores asignados son subjetivos, más bien su propia percepción. Luego sume los valores de cada columna. La columna con el valor más alto corresponde al temperamento dominante. En el próximo taller podrás encontrar la clave del temperamento que corresponda a cada columna.

Vale recordar que lo más probable es que tengas características indicadas en todos los temperamentos. Rara vez existen temperamentos "puros" y lo más seguro es que cada personal posea una combinación de temperamentos. Para efectos del Ideal Personal, la expectativa es encontrar el temperamento que más predomina y usar esa información como otra pieza del rompecabezas.

Además, toma tiempo para determinar cuál es la personalidad ejemplar que más resuena con tu vida.

Referencia: "All Saints: Daily Reflections on Saints, Prophets, and Witnesses for Our Time" por Robert Ellsberg. New York: Crossroad, 1997.

PRUEBA SIMPLE DE TEMPERAMENTO

Instrucciones:

Usando valores del 1 – 10, anote la intensidad de cada una de las 36 características presentadas en las cuatro columnas (A, B, C. D) que mejor te describen. Si es un rasgo dominante, puede expresarse como un 9 ó 10, pero si trata de una característica débil o ausente, anota el 1 ó un 0. Los valores asignados son subjetivos, más bien su propia percepción. Luego sume los valores de cada columna. La columna con el valor más alto corresponde al temperamento dominante. En la próxima sección de este capítulo podrás encontrar la clave del temperamento que corresponde a cada columna.

Columna A
__ Cariñoso
__ Amistoso
__ Receptivo a Información
__ Extrovertido
__ Atrevido
__ Platicador
__ Inseguro
__ Indisciplinado
__ Inconsistente

__Total A

Columna B
__ Rápido, activo
__ Práctico
__ Dominante
__ Decisivo
__ Determinado
__ Independiente
__ Frío emocionalmente
__ Autosuficiente
__ Cruel

__ Total B

Columna C
__ Analítico
__ Autosacrificado
__ Sensible
__ Fiel
__ Creativo
__ Amante del Arte
__ Egoísta
__ Pesimista
__ Sumamente emotivo

__ Total C

Columna D
__ Tranquilo
__ Diplomático
__ Humorista
__ Constante
__ Cuidadoso, lógico
__ Rutinario
__ Sin motivación
__ Inflexible
__ Indeciso

__ Total D

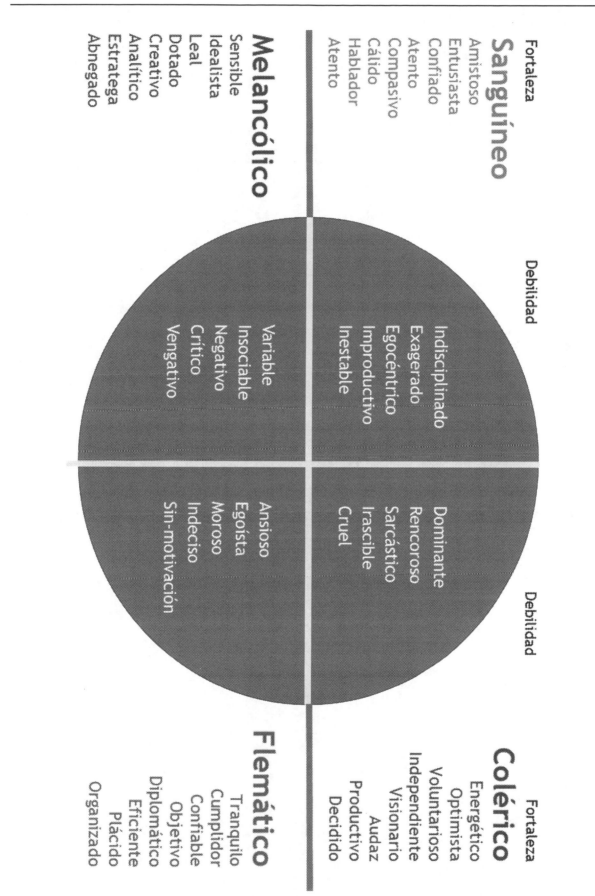

Fortaleza

Sanguíneo

Amistoso
Entusiasta
Confiado
Atento
Compasivo
Cálido
Hablador
Atento

Melancólico

Sensible
Idealista
Leal
Dotado
Creativo
Analítico
Estratega
Abnegado

Debilidad

Variable
Insociable
Negativo
Crítico
Vengativo

Indisciplinado
Exagerado
Egocéntrico
Improductivo
Inestable

Ansioso
Egoísta
Moroso
Indeciso
Sin-motivación

Dominante
Rencoroso
Sarcástico
Irascible
Cruel

Debilidad

Flemático

Tranquilo
Cumplidor
Confiable
Objetivo
Diplomático
Eficiente
Plácido
Organizado

Fortaleza

Colérico

Energético
Optimista
Voluntarioso
Independiente
Visionario
Audaz
Productivo
Decidido

Taller 9
Imágenes y Símbolos

"La vida exige a todo individuo una contribución y depende de cada uno descubrir es que consiste"

Viktor Frankl

Taller 9. Imágenes y símbolos

Desde tiempos primitivos el hombre ha usado imágenes y símbolos para representar ideas e ideologías. El estudio de las culturas y civilizaciones revela un caudal riquísimo de imágenes y símbolos, como el sol, las piedras, los astros, los árboles, las nubes, el mar, los montes y montanas… cada uno con significado especial y concreto. Aun en tiempos modernos y posmodernos muchas de estas imágenes continúan expresando anhelos, aspiraciones y sirven de artefacto para personas y comunidades.

**Clave para los resultados de la
Prueba Simple de Temperamento
del Taller 8**

Columna A= Sanguíneo
Columna B= Colérico
Columna C= Melancólico
Columna D=Flemático

Las imágenes y símbolos contienen un cumulo coherente de sensaciones afectivas, energías volitivas e iluminación intelectual que propiamente aplicadas pueden ayudar a florecer las profundidades del propio ser. La imagen de un mártir, por ejemplo, despierta la empatía afectiva hacia el sufrimiento, ablanda la voluntad hacia los deseos divinos, y abre el entendimiento a comprender los duros comienzo de la Iglesia y el sentido del sufrimiento y redención. El Concilio Vaticano II resume la importancia de imágenes y símbolos en relación con la búsqueda de valores cristianos:

> …la naturaleza intelectual de la persona humana se perfecciona y debe ser perfeccionada por la sabiduría que atrae la mente del hombre a la búsqueda y amor del bien y de la verdad; imbuido por ella, el hombre es llevado a las cosas invisibles por medio de las cosas visibles (Gaudium et spes, núm. 15)

La consecuencia de la vinculación a imágenes y símbolos—en cuyo proceso interviene la repetición, asociación ideológica, y a concretización de esas ideologías en la vida—provee una trayectoria mental coherente. Imágenes y símbolos suplen una impresión mental que sirve de recuerdo, fuente y orientación personal. La imagen de la Inmaculada, por ejemplo, imprime un conjunto de valores e ideales como la castidad y la pureza, sirviendo así de motivación personal para controlar los impulsos durante momentos de tentación. La imagen de Cristo crucificado despierta el deseo de amor incondicional. La imagen del Buen Pastor incita a la paternidad. Estas imágenes se diferencian de la imaginación y de los sueños porque es una representación consciente y deliberada, no tanto el producto del subconsciente.

Entonces la valía de imágenes y símbolos para el Ideal Personal está en que—al ello resonar con lo innato en la persona—representan un conjunto ideológico congruente que provee una trayectoria que afectan los procesos de autoeducación. Una imagen o un símbolo constituye otra pieza del rompecabezas. A continuación, tres fuentes de imágenes y símbolos:

Liturgias y Oraciones: La Iglesia y el Movimiento proveen una abundancia de imágenes y símbolos. Por ejemplo, las Letanías, el Viacrucis, los Evangelios, los Misterios del Rosario, el libro de Oraciones "Hacia el Padre", los nombres de Santuarios filiales y Santuarios Hogares, los lemas de la Familia, todos son fuentes comunes de imágenes y símbolos.

Título de Libros: Una segunda fuente valiosa de imágenes y símbolos son los títulos de libros. Visitando una librería secular o una Librería Religiosa o revisando la sección religiosa del catálogo de una biblioteca (presencial o virtualmente) se puede encontrar gran cantidad de imágenes y símbolos inspiradores. Ejemplos de títulos son los siguientes:

El Santo Guerrero
Corazón de María
Al Pie de la cruz
Canción de Una Servidora
La hoguera feliz
Embajador en cadenas
Mujer de la luz
Corona de Fuego
Testigo de la luz
Como la levadura
Testigo de la luz
Ternura de Dios
Océano de luz
Despertad a la misión
Al servicio de Dios y los hombres

También algunos libros publicados para Schoenstatt proveen títulos que pueden ayudar a determinar la imagen o símbolo que más resuena con tu persona:

Soy el fuego de Dios
Cristo es mi vida
En las manos del Padre
Nino ante Dios
El poder del Amor
Hijo de la Providencia
María, mírame
Fuentes de alegría

Envía tu Espíritu
La mirada misericordiosa
Tu alianza muestra (mi) misión

<u>Emblemas y escudos</u>: Una tercera fuente de imágenes, símbolos y frases son los escudos y lemas de los obispos y Santo Padres. En las próximas páginas se ofrecen algunos ejemplos. Esta información se puede obtener mediante una búsqueda en el internet usando las palabras claves "escudos de obispos".

En resumen, las imágenes y símbolos ofrecen una riqueza insondable, tanto para el proceso de descubrimiento como para su realización. Ellos son efectivos cuando resuenan con la persona, cuando despiertan contenido del ser y son efectivos en promover proyectos de autoeducación dirigidos hacia el Yo Creado. La selección de imagen o símbolo—como otra pieza del rompecabezas—es un gran paso hacia el descubrimiento y realización del Ideal Personal.

Tarea para este taller

Para este taller la tarea es explorar y seleccionar una imagen o un símbolo que mejor resuena con tu persona. Luego de seleccionar una imagen o símbolo, resumir en tres palabras el significado que tiene para ti.

Preguntas de discusión

1. ¿Cómo uno sabe cuándo una imagen o un símbolo resuena con uno mismo? ¿Qué quiere decir "resuena"?

2. ¿De qué maneras uno puede resolver la situación en que son varias las imágenes o símbolos que resuenan con tu persona?

3. ¿Cómo la imagen o símbolo escogido se relaciona con los resultados del Talle 7 (Técnicas de Personalidad)?

Taller 10
Integración & Formulación

"Solo es posible avanzar cuando se mira de lejos. Solo cabe progresar cuando se piensa a lo grande"

Ortega y Gasset

Taller 10. Integración y Formulación

Hasta este punto en el cuaderno de trabajo hemos discutido algunas técnicas que intentan identificar diferentes "piezas claves" que se derivan del Ideal Personal. Sin embargo, teniendo esas piezas a la mano es solo el comienzo de una larga jornada. Por lo tanto, el objetivo de este taller es presentar un proceso de reflexión crítica para facilitar el proceso de integración y llegar a la formulación. El proceso de integración es similar al de componer un rompecabezas sin haber visto la imagen que se presenta en la caja. La imagen del rompecabezas muestra el retrato final cuando todas las piezas están conectadas, pero en la búsqueda del Ideal Personal típicamente ocurre sin ver el resultado final.

La culminación del proceso investigativo personal es la integración de las piezas del rompecabezas y la formulación de una frase para el Ideal Personal. Del trabajo de investigación de muchas piezas por separado hacemos transición al conjunto, y desde allí, componer la frase. Siguiendo otra analogía, es lo que hace un pintor al retirarse a una mayor distancia de su obra artística; ha estado trabajando con detalles y se retira brevemente para asegurarse de que también conserva perspectiva, armonía, y coherencia en el desarrollo de su obra.

Cada aspecto del propio ser es una pieza del rompecabezas

- Destrezas
- Carismas
- Historia personal
- Aspiraciones
- Limitaciones
- Temperamento
- Experiencies espirituales

- Imagenes preferidas
- Símbolo preferidos
- Imagen de Dios
- Oraciones preferidas
- Personalidades ejemplares
- Actitudes y tendencias
- Frase Favorita

Integración es el proceso mediante el cual se conectan las partes individuales del rompecabezas para visualizar la imagen que representa. Es elevarse por encima de las particularidades y visualizar el "todo." Es buscar como encajar cada pieza del rompecabezas en su lugar correspondiente para llegar a una conclusión "global." Este proceso se ilustra con el efecto de los colores primarios y la luz blanca, donde cada color primario posee sus propias características que en conjunto resulta la luz blanca. O se parece al médico que integra resultados de laboratorios, rayos X, signos vitales, y observaciones para completar un diagnóstico. La integración es pasar de los detalles a una visión de conjunto.

Una de las maneras de facilitar el proceso de integración es usando la hoja de trabajo llamada "Círculos de Integración", presentada en las páginas que siguen. El diagrama consiste en círculos concéntricos, en los sectores lejanos al centro se resume los resultados de las técnicas usadas para descubrir el Ideal Personal. En los círculos más cercanos al centro, se reducen los resúmenes a pocas palabras claves, y finalmente de las palabras claves derivados de las técnicas usadas se formula la frase del Ideal Personal. El diagrama ejemplo presenta solamente las técnicas discutidas hasta la fecha, o sea, la autobiografía, las técnicas de personalidad, y las técnicas de imágenes y símbolos. En otros talleres se presentan técnicas adicionales que pueden añadirse a los círculos de integración, especialmente si las técnicas discutidas hasta la fecha resultan insuficientes para la formulación del Ideal Personal, o si se quiere usar otras técnicas a modo de validación.

Sin duda alguna, este proceso de integración y formulación toma tiempo, paciencia, y oración. Es una falsa impresión creer que solo usando mecánicamente estas técnicas se descubre el Ideal Personal. Lo que se ha hecho hasta ahora es solo un buen comienzo, un punto de partida concreto y evidenciado. Hay que recordar que la oración y diálogo con Dios, con otros, y a profundidad con uno mismo es esencial para llegar a una imagen o frase más definitiva. Aquí nuevamente recordamos el concepto de resonancia que se presentó en el taller de imágenes y símbolos. Tener una frase es solo un comienzo, porque también es esencial ver como la frase formulada "resuena" en la vida diaria. Mientras se vive o se descrubre, se va aprendiendo, y mientras más se aprende, mejor uno logra desenredar el Yo Inventado y acercarse más al Yo Creado.

Seguido a la hoja de trabajo de los Círculos de Integración se encuentra un ejemplo más completo de una persona que usa nueve técnicas. El ejemplo ilustra como en cada uno de los sectores se va resumiendo y destilando el resultado de cada técnica. Del resumen de técnica se elige una sola palabra clave, y de las palabras claves se formula la frase.

A continuación, también ofrecemos ideas y ejemplos de cómo quedaría la formulación de la frase de un Ideal Personal. Observen que las frases tienen un elemento que desvive el "ser", el "hacer", y el "pertenecer":

Yo soy la esclava del Señor (Lucas 1, 38)
(María de Nazaret).

Yo soy la voz que clama en el desierto: Enderecen el camino del Señor (Juan 1,23)
(San Juan Bautista)

Yo, Pablo, esclavo de Cristo Jesús y elegido por Dios para ser apóstol y enviado a predicar su Buena Noticia, escribo esta carta. (Romanaos, 1,1)
*San Pablo)

Ser todo para todos, perteneciendo por entero a María (José Engling, seminarista).

Guiar a través del servicio (Carlos Leisner, sacerdote).

Vivir y morir como ardiente apóstol de Schönstatt (Franz Reinisch, sacerdote)

Mi pasión es Cristo. (Julio Steinkaul, estudiante).

Guiar a través del servicio (Julio Steinkaul, estudiante).

Cáliz vivo como María (Mario Hiriart, ingeniero).

Tabernáculo de Cristo, portador de Cristo y Schoenstatt a los hombres (Bárbara Kast, universitaria)

Servir a los más pobres entre los pobres
(Madre Teresa de Calcuta)

En resumen, la integración y formulación del Ideal Personal es la última etapa de proceso inicial de búsqueda, y consiste en componer una ayuda visual para la formulación. Es la integración y formulación representa un resumen de toda la actividad investigativa de los meses anteriores. Los próximos talleres están dedicados a la validación y realización del ideal personal como elemento de la espiritualidad de Schoenstatt.

Tarea para este taller

Tomando como recurso los resultados de las técnicas y las tareas de talleres anteriores, completar la hoja de trabajo de los Círculos de Integración. Basado en los resultados y luego de reflexionar sobre las palabras claves, componer una frase preliminar para el Ideal Personal. Hay que recordar que esta frase es solo el comienzo de un proceso de validación y maduración que también toma tiempo.

Preguntas de discusión

1. ¿Qué opciones adicionales habría si al completar la hoja de trabajo de los Círculos de Integración todavía no hay claridad con respecto a una frase para el Ideal Personal?

2. ¿Qué tipo de recursos tendrías disponibles si al pasar el tiempo todavía no está claro la frase del Ideal Personal?

3. ¿Cuál sería una frase que capte el Ideal Personal de la personalidad ejemplar que seleccionaste en talleres anteriores?

Hoja de Trabajo
Círculos de Integración

AUTOBIOGRAFÍA

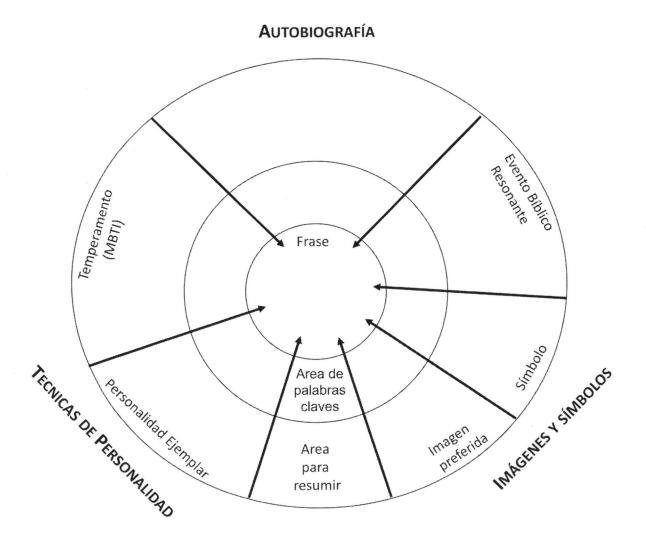

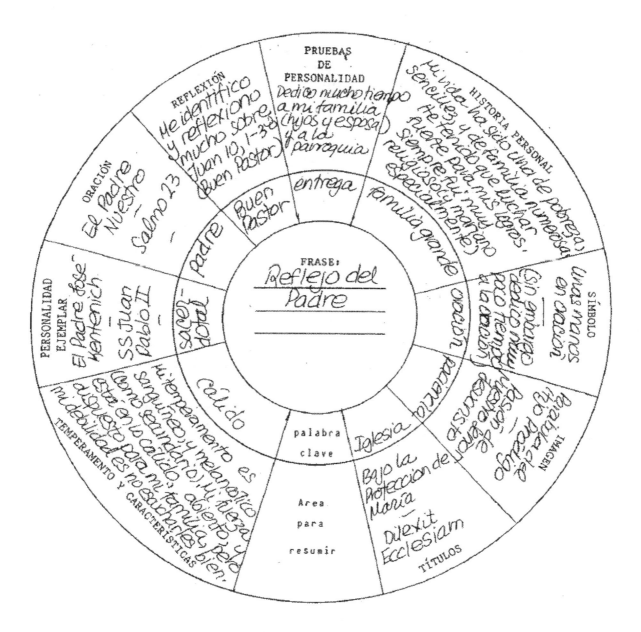

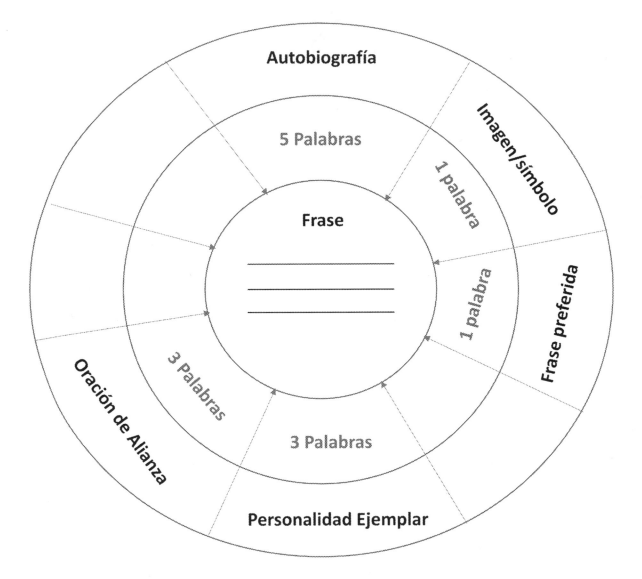

Taller 11
Realización y
Profundización

"Me puedo caer, me puedo herir, me puedo quebrar, pero jamás desaparecerá mi fuerza de voluntad".
Teresa de Calcuta.

Taller 11. Realización y Profundización

Este taller está mayormente dirigida a aquellas personas que ya poseen un mejor conocimiento de su ideal personal, mantienen un programa efectivo de autoeducación, y han tomado en serio el proceso de realización dentro de la espiritualidad de Schoenstatt. Para efectos de este taller, *realización* significa alinear la vida con lo que se conoce ya del Ideal Personal, y *profundización* se refiere al esfuerzo continuo de investigar con más claridad el propio "ser" y el "hacer" creado por Dios. Cabe mencionar que, dado la originalidad y circunstancias específicas de vida, es complicado ofrecer medidas hechos a la medida para cada persona. A pesar de esta limitación, sí es posible hacer sugerencias para continuar esclareciendo el Ideal Personal mientras va avanzando la vida.

Tener a la mano una noción del Ideal Personal—aunque de modo imperfecto— es un logro significativo. En efecto, es el comienzo de una reorientación de toda la vida hacia una dirección más definitiva y certera hacia el corazón de Dios mismo. Tener a mano el Ideal Personal no es garantía de santidad, sino un camino a tomar libremente, un continuar la trayectoria de la vida cotidiana iluminada por la razón del ser creado, aun sujeto a luces y sobras. Como analogía, un peregrino perdido en un bosque denso, pero con una brújula o un GPS sabe claramente la dirección que debe tomar. Sin embargo, todavía tiene que emprender el camino y enfrentarse a obstáculos, amenazas, y sorpresas inherentes al peregrinaje. Otra analogía es la de un plano de construcción para un edificio. El plano es el ideal de lo que se necesita para construir el edificio: sus fundamentos, las columnas, las paredes, la plomería, lo eléctrico, etc., Todo está claro en el plano, pero todavía falta efectuar la construcción y manejar los obstáculos entre lo ideal y lo real.

Para la realización y profundización del Ideal Personal—aunque sea en forma preliminar— este taller presenta cinco sugerencias. Por supuesto, cada persona ha de seleccionar una que otra de las sugerencias de acuerdo con sus necesidades presentes. La intención no es que se trabajen todas a la vez, sino que se pueda beneficiar de actividades que otros han considerado provechoso en el caminar de sus propios esfuerzos hacia el Ideal Personal.

<u>Criterio primordial de vida</u>: El Ideal Personal como criterio primordial de vida significa que el ideal ilumina el estilo de vida y las decisiones de la vida, y para lograrlo, es necesario enfatizar las destrezas de discernimiento. En otras palabras, dado los diferentes esquemas de criterios para ordenar el estilo de vida y tomar decisiones en la vida cotidiana, el Ideal Personal ha de permanecer como el criterio más confiable. Nunca habrá claridad total en el discernimiento, porque discernimiento está vinculado a la fe. Pero, así como el Ideal Personal hasta un cierto punto ayuda el discernir, el producto del buen discernimiento también valida y abre nuevas perspectivas del Ideal Personal. Esta interacción entre ideal, discernimiento, y vida concretiza la Instrumentalidad Mariana, se nutre de la Fe Práctica en la Divina Providencia, se fortalece mediante la Alianza de Amor con María y culmina en la Santidad de la Vida Diaria. La dinámica entre ideal, discernimiento, y vida es integral a nuestra espiritualidad original y se efectúa mediante los medios ascéticos del propósito particular, control por escrito, y examen de conciencia.

Renovación diaria y la oración original:

Dios va revelando el Ideal Personal de acuerdo con sus propios planes. Hay casos que en poco tiempo Dios suple gran claridad del Ideal Personal. En otros casos, la claridad llega luego de años de esfuerzos. Independientemente del tiempo que uno tarde en "ver" el Ideal Personal, dos realidades son inevitables: Primero, que Dios va "desvelando providencialmente" y segundo, que es imprescindible la oración. Así entonces, es esencial la renovación diaria del Ideal Personal, algo que ya es costumbre para los que hacen las oraciones de la mañana del Hacia el Padre, libro de oraciones de Schoenstatt. Sin embargo, cada vez que se renueva la Alianza de Amor mediante la pequeña oración de consagración a la Virgen María, se está también renovando el compromiso con el Ideal Personal cuando se reza "… en una palabra, todo mi ser". El "todo mi ser" es precisamente el Ideal Personal en su totalidad. Es una entrega de mi ser mas allá do lo que he podido determinar por la gracia y los esfuerzos personales. Es entregar lo que se de mí y lo que aún no se de mí. El rezar "… en una palabra, todo mi ser" es un ofrecimiento de lo que soy y lo que hago.

Otra práctica de mayor profundidad para la renovación diaria del Ideal Personal es componer y rezar una oración personal y privada que expande la frase y sirve de iluminación y ánimo para enfrentar la vida diaria. Es componer una oración relativamente corta que se pueda memorizar y que sintetiza los elementos fundamentales del Ideal Personal. Por ejemplo, esta joven compuso la siguiente oración para su Ideal Personal "Rosa en las manos del Padre":

Mi Rosa habla de mi amor
La disposición de mi alma
Y entrega de mi corazón

Te intercambio mi rosa
Por la fidelidad de servirte
Y vivo en ti confiada
De tu cuidado para mí

Soy el capullo
símbolo de pureza
resplandor de la Mater
imagen de su vida
sencilla y virginal.

Doy mi fragancia
como símbolo de santidad
que pongo a tu cuidado
y doy a los demás

La alegría es mi corona
mi lozanía es para Dios
soy tu rosa Padre
tómame un tu corazón.

A pesar de que la frase del Ideal Personal "Rosa en las manos del Padre" se renueva diariamente, como oración adicional esta joven reza diariamente la oración de su Ideal Personal.

Aquí un segundo ejemplo de una oración de Ideal Personal, en este caso, de un adulto: "Instrumento de María, soldado de la Solidaridad":

Llévame, Padre, a tu corazón
desde tu presencia en el Santuario.
úneme en íntima solidaridad
con aquellos que se entregan a ti a diario

Envíame desde tu corazón
como héroe de filialidad
bandera de tu cruzada
y mártir de solidaridad

En tu corazón, querido Padre
condúceme a restaurar
los vínculos de unidad
introdúceme en el mundo
para fermentar esa unidad
como hijo de Schoenstatt
desde el Santuario de la Solidaridad.

Un tercer ejemplo está lleno de imágenes bíblicas y está dirigido a la Mater:

Tómame Mater, recibe mi voluntad
Edúcame como tu instrumento;
Prepárame para el sacrificio
Como Cristo en el camino
Y llévame a Gólgota
para entregarnos al Padre.

Pide al espíritu descienda sobre mi
Me use para la Iglesia;
Despierte en mi

la servicialidad heroica
De lavarle los pies a los discípulos.

Ponme en los hombros el Santuario
Aunque el peso rompa mis huesos;
Día y noche me pondré a tu servicio
Devolviendo a ti nuestro pueblo.

Hazme ser obediente
como Cristo al Padre,
Ser fuerte y entregado
como Cristo a su misión,
Y amarte íntimamente
como el hijo a la Madre.

Como puede intuirse, el rezar la oración del Ideal Personal provee una visión y preparación diaria más profunda que el sólo renovar el ideal personal usando la frase. Pero es la frase del Ideal Personal que sirve de semilla para componer la oración.

El componer la oración personal toma tiempo, y colaboración, especialmente con alguien familiarizado con las enseñanzas católicas para evitar errores y mantener fidelidad a la doctrina en la oración.

También es posible que la oración del Ideal Personal quede expresada en una oración que ya existe. Por ejemplo, hay un caso de una persona que usó el <u>Salmo 144</u> como oración de su Ideal Personal, "Caballero de María, defensor del Reino del Padre." En otro caso, puede tratarse de una poesía u oración que reza el santo preferido. Una tercera posibilidad es que sea una oración del Hacia el Padre o de otro libro de oraciones. En resumen, componer una oración que resuma el Ideal Personal y que pueda rezarse diariamente provee un camino más profundo como guía hacia la realización del propio ser, hacer, y pertenecer.

Retiro personal sobre el Ideal Personal

La misma oración personal del Ideal Personal sirve de contexto para un retiro personal, así teniendo la oportunidad de una revisión de vida (¿Cuán fiel he sido a mi Ideal Personal, a mi vocación, a las gracias que Dios me ha dado?) y una apertura hacia realidades más profundas del propio ser (¿Qué quieres de mí? ¿Qué ataduras poseo que limitan mi entrega a Ti?). Aún no teniendo una oración original y con sólo la frase del Ideal Personal uno puede preparar un retiro personal con las intenciones de profundizar más en el misterio del propio ser, y de mejor alinear la vida con los deseos de Dios expresado en el Ideal Personal.

Aquí ayuda el tener un diario, o al menos algunas notas de eventos claves de la vida personal diaria. Poner en oración y meditación a luz del Ideal Personal los eventos, los deseos, las aspiraciones, las faltas, las dudas y las alegrías es una forma confirmar y posiblemente descubrir nuevos elementos del Ideal Personal.

Una manera más sencilla de retiro personal puede ser rezar y reflexionar usando el Salmo 139. Otra posibilidad es reflexionar sobre frases de la Personalidad Ejemplar, o inclusive, leer, estudiar, y meditar con más detalle la Personalidad Ejemplar con la intención de descubrir aspectos de resonancia más profundos.

Claro, el objetivo de un retiro personal es reconocer que Dios habla y conduce, y alejarse del bullicio diario para entrar en diálogo con Dios predispone el alma para recibir inspiraciones sobre el propio ser.

Estudiar (no solo leer) la vida del Santo (o Santa) preferido.

Examinar con más detalle la vida de un santo de la Iglesia (la Personalidad Ejemplar) puede usarse también fuera del contexto de un retiro. Al encontrar afinidad con un santo o santa, tiene mucho valor el estudiar la vida del santo con más detalle. Muchos libros sobre los santos típicamente presentan la vida a grandes rasgos, lo cual provee una perspectiva superficial e insuficiente como recurso de profundización en el Ideal Personal. Mientras que buscando libros o recursos (e.g., internet) que hablen de la vida del santo o santa con más detalle puede ayudar a contemplar nuevas perspectivas del propio IP. Aunque esta sugerencia es uno de estudio y lectura, las luchas y logros del santo o santa tienen valor en arrojar nuevas consideraciones, pese a posibles las diferencias. De hecho, es recomendable crear una pequeña biblioteca o archivo del santo o personalidad ejemplar seleccionado. Por ejemplo, alguien cuya persona resuena con la vida de San Pablo iría buscando y leyendo libros sobre la vida del santo, o alguien atraído por la vida de Madre Teresa de Calcuta iría coleccionando material y buscando oportunidades de ir los lugares que ella visitó y entrevistar a algunos que hablaron y compartieron con ella. La clave de esa sugerencia es poder "echar las redes a nuevas profundidades" (*Duc in altum*, Lucas 5,4).

Actividades adicionales: Otras sugerencias de profundización son,
   a. Trabajar junto a un Director Espiritual.
   b. Estudiar los escudos de obispos y Papas en la Iglesia.
   c. Refinar destrezas de discernimiento.
   d. Llevar un diario o al menos componer y guardar cartas (blog) relacionado con eventos relevantes de la vida.
   e. Aprender la oración contemplativa.

Tarea para este taller

Para este taller la tarea es seleccionar una de las sugerencias de profundización y resumir los resultados. ¿Qué efectos tuvo en mí el llevar a cabo una de estas sugerencias?

Preguntas de discusión

1. ¿Cuáles son algunos obstáculos que dificultan la profundización del Ideal Personal y cómo pueden superarse?

2. ¿De qué maneras saber más sobre la vida de nuestro fundador—el Padre José Kentenich— también sirve de recurso para el descubrimiento del Ideal Personal?

3. ¿De qué maneras la vinculación a la Mater y al Santuario sirven de recurso para el descubrimiento del Ideal Personal?

4. ¿De qué maneras el Ideal de Grupo o el Ideal Matrimonial también sirven de recurso para el descubrimiento del Ideal Personal? ¿Y cómo el Ideal Personal se relaciona con los otros ideales?

5. ¿Qué otras actividades de profundización pueden considerarse? Por ejemplo, una peregrinación al lugar de la personalidad ejemplar o una liturgia de un evento especial tienen el potencial de proveer nuevas oportunidades.

Taller 12
Material Suplementario

"Cuando Dios llama por el nombre a una persona, le revela al mismo tiempo su vocación, su proyecto de santidad y de bien, por el que esa persona llegará a ser alguien único y un don para los demás".

Papa Francisco, Mensaje para la XXXIII Jornada Mundial de la Juventud

Taller 12. Material Suplementario

Este último taller del cuaderno de trabajo se ofrece mayormente para aquellas personas que poseen ya experiencias y han madurado en su Ideal Personal. Consiste en una serie de proyectos cuyo objetivo es una exploración de nuevas perspectivas. Los proyectos que se presentan a continuación pretenden enfatizar la interrelación del Ideal Personal con varios otros temas con el propósito de suscitar nuevos descubrimientos. Dado las amenazas a la vida espiritual (conformismo, pérdida de intensidad en la autoeducación, el Ideal Personal dado por sentado), estos proyectos también sirven para reanimar los esfuerzos de reducir las tendencias del Yo Inventado y promover mayor claridad con el Yo Creado.

Cuando los marineros se enfrentan a tormentas y turbulencias en alta mar, dependen de dos ayudas específicas para mantener el rumbo deseado. Una es la navegación, que consiste en métodos para determinar con seguridad la trayectoria de un sitio a otro. La segunda es un conocimiento de las corrientes. Hay corrientes marítimas favorables que ayudan a llegar al punto deseado, como también hay corrientes contrarias. Usando esta analogía, la estabilidad interior en tiempos de tormenta depende de una buena navegación (Ideal Personal) y una fuente de corrientes favorables (la espiritualidad de Schoenstatt).

Para todo schoenstattiano familiarizado con la visión del Padre Kentenich, el nivel intenso de turbulencia característico de nuestros tiempos había de esperarse, pues el Padre Fundador así lo vio y lo caracterizó en su vida y en sus escritos. Pero ¿qué prácticas concretas ofrece Schoenstatt para mantener la estabilidad interior en tiempos tumultuosos? Como medio de navegación Schoenstatt ofrece una pedagogía de ideales, entre los cuales de encuentra el Ideal Personal. Este concepto de Ideal Personal como recurso de navegación es también reconocido por el magisterio de la Iglesia. El Papa Benedicto VXI, por ejemplo, reconoce que sólo anclado en la eternidad se puede comprender y avanzar ante las ansiedades de tiempos turbulentos:

> "Sólo la perspectiva de la eternidad puede dar valor auténtico a los acontecimientos históricos y sobre todo al misterio de la fragilidad humana, del sufrimiento y de la muerte" (Benedicto XVI, Audiencia, 16 de agosto).

Es necesario una certeza interior del rumbo a seguir si uno quiere contribuir positivamente a los desafíos de la vida cotidiana y de la historia. Para Schoenstatt, el Ideal Personal es ese "Norte" de la vida que sirve como recurso para navegar con certeza, no importa la intensidad de una tormenta.

> "Este es el sentido que Dios quiere darle a cada inseguridad y a cada falta de cobijamiento: una seguridad y un cobijamiento aún mayores en la mano y el corazón de Dios". (José Kentenich, Tomado de "Cobijados en Dios, Nueve días con el Padre Kentenich, 2004)

A continuación, se ofrecen una serie de proyectos espirituales con los objetivos de (a) promover profundidad para navegación del ser, quehacer, y pertenecer, y (b) crear mayor conciencia hacia las corrientes que brotan de la espiritualidad de Schoenstatt.

Primer proyecto: Pruebas profesionales de personalidad

Además de las observaciones que originan mediante la prueba de los cuatro temperamentos presentado en los talleres anteriores, existen otras pruebas de personalidad que pueden ampliar el conocimiento de sí mismo. Especialmente valiosas son aquellas pruebas administradas por profesionales en esta disciplina. Estas pruebas psicométricas pueden ilustrar aspectos de la personalidad relacionadas con el Ideal Personal que de otra manera serian difíciles de desenmascarar. Algunas de estas pruebas están disponibles en el internet, pero se recomienda la administración y la interpretación de profesionales o personas preparadas. La autoevaluación de los resultados tiene el riesgo de que los prejuicios impidan aceptar ciertos aspectos de la personalidad. La asistencia de un profesional suple una perspectiva independiente que permite un análisis de mayor objetividad. A continuación, tres de las pruebas de personalidad más comunes.

La prueba de Cinco Atributos de la Personalidad (Big 5 Personality Test)
Los Cinco Atributos de la Personalidad son Apertura a la experiencia, Responsabilidad (tenacidad), Extraversión, Cordialidad/Amabilidad y Estabilidad emocional. A continuación, una breve explicación de cada atributo.

1. Apertura a experiencias: Las personas que les disfrutan aprender cosas nuevas y adquirir experiencias nuevas normalmente obtienen una puntuación alta en este atributo. Temas asociados a este atributo incluye la perspicacia y la imaginación.

2. Responsabilidad (tenacidad): Las personas que tienen un alto nivel de tenacidad son honestos y determinativos. Otros rasgos asociados es el ser metódico, organizado, y concienzudo.

3. Extraversión/Intraversión: Los extravertidos son activados mediante la interacción con los otros, mientras que los introvertidos son activados con mínima interacción social. Ese atributo está asociado con el ser hablador, animado, y asertivo.

4. Cordialidad/Amabilidad: Este atributo se refiere a personas que son amables, cooperativas y compasivas. Las personas con un nivel bajo de cordialidad mantienen grandes distancias sociales. Otros rasgos asociados a este atributo son el ser amable, cariñoso y simpático.

5. Estabilidad Emocional: Este atributo está relacionada con la estabilidad emocional de la persona y el grado de emociones negativas que posea. Personas con puntuación baja

en estabilidad emocional padecen con frecuencia de inestabilidades y sentimientos negativas Otros rasgos asociados son el malhumor y la grosería.

Cada atributo está representado en representa una escala continua. Se estima que estos atributos se mantienen relativamente estables durante la mayor parte de su vida. En las páginas siguientes se ofrecen un ejemplo de los resultados que ofrece esta prueba de personalidad. En este ejemplo los cinco atributos y rasgos asociados se ilustran en inglés.

A concise look giving scores for the Big Five Factors and the 30 related Facets.

Visual summary of your results   ☐ Hide facets

Openness to experience	63
Imagination	80
Artistic interests	80
Depth of emotions	10
Willingness to experiment	50
Intellectual curiosity	80
Tolerance for diversity	60

Conscientiousness	83
Sense of competence	100
Orderliness	90
Sense of responsibility	20
Achievement striving	80
Self-discipline	70
Deliberateness	80

Extraversion	36
Warmth	10
Gregariousness	20
Assertiveness	90
Activity level	90
Excitement seeking	20
Positive emotions	50

Agreeableness	9
Trust in others	20
Sincerity	60
Altruism	10
Compliance	10
Modesty	40
Sympathy	70

Natural reactions	71
Anxiety	90
Angry hostility	90
Moodiness/Contentment	20
Self-consciousness	100
Self-indulgence	80
Sensitivity to stress	10

Un análisis de los resultados sirve tanto para validar lo que ya se conocer mediante la prueba de los temperamentos, como también revelar otros aspectos de la personalidad que ameriten discernimiento.

MBTI (Myers-Briggs Type Indicator)

Para el que busca una apreciación más allá de solo cuatro temperamentos, el inventario MBTI o Myers-Briggs es una opción. Esta prueba evalúa categorías de introversión-extraversión, sensación-intuición, pensamiento-sentimiento, juicio-percepción. Cada categoría es representada por una letra y el resultado presenta mediante una combinación de cuatro letras. Por lo tanto, resulta en dieciséis posibles combinaciones. Las respuestas a las preguntas del inventario, identifica a personas con uno de 16 tipos de personalidad. El objetivo del MBTI es explorar la propia personalidad, incluyendo los gustos, disgustos, fortalezas y debilidades, factores de la personalidad que se relacionan con el Ideal Personal. Este inventario es una de las evaluaciones de personalidad más utilizadas. Este inventario de personalidad puede ser tomado independientemente, pero siempre se recomienda sea administrado e interpretado por una persona certificada.

PF16

La prueba psicométrica 16PF (16 Factores de Personalidad) es una herramienta confiable que también tiene décadas de datos para demostrar su validez. Esta prueba sirve para describir potencial, confirmar, e identificar las necesidades para el desarrollo de la personalidad. Esta prueba construye un panorama amplio de la persona, lo que lo convierte en una valiosa perspectiva de funciona y lo que necesita mayor enfoque con relación al Ideal Personal. Esta prueba es de "naturaleza restringida." Esto quiere decir que requiere sea administrado por una persona cualificada para garantizar que su uso cumpla con los objetivos del instrumento y evitar interpretaciones erróneas. Normalmente hay un costo relacionado con la administración y la interpretación, pero hay una alta probabilidad de que los resultados iluminen nuevas oportunidades para la realización del Ideal Personal. En la página que sigue hay un ejemplo de esta prueba de personalidad, aunque también en inglés.

Estos son solamente algunos ejemplos de pruebas disponibles para refinar lo que ya se ha determinado y vencido mediante el modelo sencillo de los cuatro temperamentos. Existen otras pruebas de personalidad y madurez que pueden usarse, pero siempre recordando que algunos de ellas podrían requerir asistencia profesional para extraer descubrimientos valiosos y evitar interpretaciones incorrectas.

Aquí una ilustración de los resultados de un PF16 (en inglés)

Trait	Score	Percenti
Warmth	1.8	

Warmth is how nice to people you are. [more]

| Reasoning | 3.2 | |

Reasoning is how good at abstract thinking you are. [more]

| Emotional stability | 3 | |

Emotional stability is how in control of your emotions you are. [more]

| Dominance | 3.3 | |

Dominance is how assertive you are when dealing with people. [more]

| Liveliness | 1.6 | |

Liveliness is how much energy you display. [more]

| Rule-consciousness | 3.5 | |

Rule-consciousness is how much you abide by authority. [more]

| Social boldness | 1.3 | |

Social boldness is how socially confident you are. [more]

| Sensitivity | 2.8 | |

Sensitivity is how much you can be affected. [more]

| Vigilance | 2.4 | |

Vigilance. [more]

| Abstractedness | 3.1 | |

Abstractedness is how imaginative you are. [more]

| Privateness | 2.9 | |

Privateness is how honest you are about who you are. [more]

| Apprehension | 3.3 | |

Apprehension is how troubled you are. [more]

| Openness to change | 3.7 | |

Openness to change is how not stuck in your ways you are. [more]

| Self-reliance | 3.5 | |

Self-reliance is how contained your needs are. [more]

| Perfectionism | 3 | |

Perfectionism is how high you standards are for yourself. [more]

| Tension | 2.7 | |

Tension is how driven you are, crossed with impatience. [more]

Segundo proyecto: Destrezas de discernimiento

La conexión entre discernimiento y el Ideal Personal reside en la capacidad de escuchar la voz de Dios para desenredar el YO Inventado del YO Creado. Poseemos una tendencia a elaborar nuestro propio camino, nuestro propio proyecto de vida, nuestra propia "razón de ser" a pesar de las señales que Dios provee mediante los acontecimientos de la vida diaria y las causas segundas. El discernimiento aplicado al Ideal Personal es un salir del YO Inventado y continuar aspirando al YO Creado, o un descubrir la vocación (llamado) personal a la luz del Plan de Dios. En Schoenstatt, la búsqueda continua del Ideal Personal es una forma en que buscamos cumplir la voluntad de Dios en la historia personal y la llevamos a cabo en la vida diaria como instrumentos de María.

El discernimiento para la vocación es algo que pide la Iglesia para todo católico. Observen aquí el número 58 en la *Exhortación Apostólica sobre la Vocación y Misión de los Laicos en la Iglesia* (Christifidelis laici) y compárenlo con lo que se ha presentado sobre el Ideal Personal. Dice San Juan Pablo II en esta Exhortación Apostólica:

La formación de los fieles laicos tiene como objetivo fundamental el descubrimiento cada vez más claro de la propia vocación y la disponibilidad siempre mayor para vivirla en el cumplimiento de la propia misión.

Dios me llama y me envía como obrero a su viña; me llama y me envía a trabajar para el advenimiento de su Reino en la historia. Esta vocación y misión personal define la dignidad y la responsabilidad de cada fiel laico y constituye el punto de apoyo de toda la obra formativa, ordenada al reconocimiento gozoso y agradecido de tal dignidad y al desempeño fiel y generoso de tal responsabilidad.

En efecto, Dios ha pensado en nosotros desde la eternidad y nos ha amado como personas únicas e irrepetibles, llamándonos a cada uno por nuestro nombre, como el Buen Pastor que «a sus ovejas las llama a cada una por su nombre» (Jn 10, 3). Pero el eterno plan de Dios se nos revela a cada uno sólo a través del desarrollo histórico de nuestra vida y de sus acontecimientos, y, por tanto, sólo gradualmente: en cierto sentido, de día en día.

Y para descubrir la concreta voluntad del Señor sobre nuestra vida son siempre indispensables la escucha pronta y dócil de la palabra de Dios y de la Iglesia, la oración filial y constante, la referencia a una sabia y amorosa dirección espiritual, la percepción en la fe de los dones y talentos recibidos y al mismo tiempo de las diversas situaciones sociales e históricas en las que se está inmerso.

En la vida de cada fiel laico hay además momentos particularmente significativos y decisivos para discernir la llamada de Dios y para acoger la misión que Él confía. Entre ellos están los momentos de la adolescencia y de la juventud. Sin embargo, nadie puede olvidar que el Señor, como el dueño con los obreros de la viña, llama —en el sentido de hacer concreta y precisa su santa voluntad— a todas las horas de la vida: por eso la vigilancia, como atención solícita a la voz de Dios, es una actitud fundamental y permanente del discípulo.

De todos modos, no se trata sólo de saber lo que Dios quiere de nosotros, de cada uno de nosotros en las diversas situaciones de la vida. Es necesario hacer lo que Dios quiere: así como nos lo recuerdan las palabras de María, la Madre de Jesús, dirigiéndose a los sirvientes de Caná: «Haced lo que Él os diga» (Jn 2, 5). Y para actuar con fidelidad a la voluntad de Dios hay que ser capaz y hacerse cada vez más capaz. Desde luego, con la gracia del Señor, que no falta nunca, como dice San León Magno: «¡Dará la fuerza quien ha conferido la dignidad!»; pero también con la libre y responsable colaboración de cada uno de nosotros. (Christifidelis laici, n. 58).

Esta cita es rica en contenido relacionado con las dimensiones del Ideal Personal (el "ser" y el "hacer", y "pertenecer"). De esta cita surge la posibilidad de un ejercicio de estudio, donde las palabras del Santo Padre a la Iglesia Universal se pueden traducir a vocabulario que usamos en Schoenstatt. Por ejemplo, lo que el Santo Padre llama "...*Dios me llama y me envía como obrero a su viña*" en Schoenstatt llamamos el Ideal Personal. Entonces, ¿qué otros conceptos nuestros son mencionados en la cita, pero de manera diferente?

Algo que vale resaltar de la cita anterior para efectos de este proyecto es reconocer que "*...para actuar con fidelidad a la voluntad de Dios hay que ser capaz y hacerse cada vez más capaz.*" Entiéndase, que para realizar plenamente el Ideal Personal hace falta finas destrezas de discernimiento.

Una definición de discernimiento que añade un elemento interesante que conecta con la espiritualidad de Schoenstatt la ofrece Thomas Green en su libro "La Cizaña en el Trigo". Dice el autor (lo es subrayado es para énfasis),

> Por discernimiento de espíritus se significa el <u>proceso</u> por el cual nosotros <u>examinamos, a la luz de la fe</u> y en <u>la connaturalidad del amor</u>, la naturaleza de los <u>estados espirituales</u> que experimentamos en nosotros y en los demás. El propósito de tal examen es decidir lo más posible <u>cuáles de los movimientos que experimentamos nos llevan al Señor y a un servicio más perfecto de Él y de nuestros hermanos</u>, y cuáles nos apartan de este fin... Cuando hablamos de <u>connaturalidad del amor nos referimos a un conocimiento de fe y amor</u>, es decir, no se trata tanto de un razonamiento y de un análisis, sino de ese conocimiento que procede de la experiencia de alguien a quien amamos. (Tomado de *La cizaña en el trigo*, Thomas H. Green. Narcea, 1992, p. 51).

Esta definición de discernimiento enfatiza la "connaturalidad del amor" o el "conocimiento de fe y amor", un aspecto que muchas veces queda relegado cuando pensamos en la Alianza de Amor. Este elemento de discernimientos provee un contexto para adquirir conocimiento mediante un diálogo de fe, pero un diálogo de <u>fe amoroso</u>. Esta observación pone de relieve la importancia de la Alianza de Amor con María en los procesos de discernimiento, especialmente cuando penetramos los misterios del Ideal Personal.

Para el que tiene vocación para Schoenstatt, el discernimiento no es solo un diálogo de fe con Dios, sino que mediante la Alianza de Amor el discernimiento ahora se convierte en un diálogo amoroso con Dios y María, Madre y Educadora. Esta definición de discernimiento permite reconocer la función de María en nutrir y educar para el Ideal Personal mediante las gracias y el carisma de Schoenstatt. Como proyecto de investigación personal, es posible substanciar esta conexión entre discernimiento amoroso y Alianza de Amor ocurridos la vida del Padre Fundador. En otras palabras, ¿Qué eventos en la vida del Padre José Kentenich corroboran un diálogo amoroso como un elemento de discernimiento?

En adición al modelo de discernimiento que presenta el Padre Fundador mencionado anteriormente (Taller 7, Autobiografía), conviene explorar otros modelos de discernimiento para así ampliar la capacidad de esta destreza. Para propósito este proyecto, se presentan dos modelos: el modelo jesuita y el modelo de voces.

En la tabla que sigue a continuación se presentan las características básicas de dos métodos, el de San Ignacio (Método Jesuita) y el del Padre José Kentenich (Método Schoenstattiano) presentado en el Taller 7. Comparen las diferencias en orientación, en las fuentes que usa cada método, en los objetivos y la manera en que se aprende cada método. Por ejemplo, observen que el discernimiento jesuita está orientado más hacia la dirección espiritual mientras que el método del Padre Kentenich es un componente vital de todo aquel que ha sellado la alianza. En cuanto a las fuentes, la dinámica de discernimiento jesuita es una tensión entre consolación y desolación mientras que la fuente del método schoenstattiano es "Vox Temporis, Vox Dei." Los objetivos son diferentes y la formación es diferente. La formación del método jesuita es más formal y está vinculada los Ejercicios de los 30 días. La formación schoenstattiana de discernimiento se desarrolla mediante las vivencias diarias. Es una comparación relativamente sencilla, pero esta tabla comparativa permite comprender mejor las características del método schoenstattiano y contemplar el potencial que ofrecen otros modelos.

Método	Jesuita (Ignacio de Loyola)	Schoenstattiano (José Kentenich)
Orientación	Principalmente hacia Directores Espirituales.	Fundamental para toda persona que ha sellado la Alianza de Amor.
Fuentes	Los "movimientos del alma" (consolación y desolación)	"Oído en el Corazón de Dios y la mano en el pulso del tiempo" (Fe Práctica en la Divina Providencia)
Objetivos	¿De dónde provienen y hacia dónde me conducen estos movimientos del alma?	¿Qué quiere Dios de mí? (Carácter Instrumental Mariano)
Formación	Adiestramiento formal (e.g., Ejercicios Ignacianos-30 Días).	Maduración vivencial diaria (Santificación de la Vida Diaria).

Para nutrir la madurez haca la realización del Ideal Personal hace falta un refinamiento en las destrezas de discernimiento. Discernimiento se refiere al diálogo con Dios, y el diálogo implica conversación, el uso de voces. Dios va revelando la razón por la cual creó a cada persona mediante los descubrimientos que uno hace de sí mismo, el diálogo con lo divino, y las causas segundas libres. En otras palabras, el discernimiento para el Ideal Personal es la búsqueda de la voz de Dios, la voz de sí mismo y las voces de otros (Giallanza, 2006), y depende de un entrelace de recursos propios, disposiciones hacia lo espiritual, y contribuciones de contactos interpersonales.

Discernimiento sirve especialmente para dilucidar las grandes decisiones de la vida, como lo es esclarecer el propósito de vida (llamado personal, vocación), como queda ilustrada con la llamada del joven Samuel (1 Samuel 3). Al revisar las posibles maneras en que Dios "habla", el modelo ilustrado en 1 Samuel 3 sugiere tres grandes categorías de "voces" que pueden ayudar a enfocar la recolección de datos en el descubrimiento y realización del Ideal Personal: la propia de Samuel, la de Eli, y la de Dios.

Como se ha señalado anteriormente, el discernimiento requiere, entre otras cosas, una quietud del corazón, humildad, y una actitud de escucha. Estas son necesarias para que la persona pueda notar, interpretar, y responder a las suaves indicaciones del Espíritu. Aunque no se puede poner restricciones sobre cómo Dios elige comunicarse con una persona, uno puede observar que Dios elige comunicarnos sus esperanzas y sueños a través de las voces de las causas segundas libres. Usando la experiencia de Samuel (1 Samuel 3), es posible reconocer tres distinciones de voces como entrelace de recursos, disposiciones, y contactos interpersonales: voces personales (recursos personales), voces espirituales (disposiciones espirituales) y voces de otros (contactos interpersonales). El siguiente gráfico muestra los elementos de cada voz y algunos elementos que la expresan:

Discernimiento de Voces

Fe práctica en la Divina Providencia
Profundidad de oración(Originalidad)
Imagen de Dios
Sensibilidad a medios ordinarios
(Otros)

A continuación, una discusión más elaborada del cada una es las "voces" de este modelo de discernimiento.

Discernimiento de Voces: La voz personal

Representado como "Personales" en el diagrama, la voz personal refleja nuestras impresiones y respuestas a las inquietudes, deseos, talentos, y necesidades internas de uno mismo. Si bien la objetividad (es decir, la ausencia de distorsiones y prejuicios significativos) de cualquiera de las tres voces en el diagrama es una consideración, la voz personal tiene el potencial de ser la voz más intensa, la que habla con más fuerza, pero también la de más riesgo a engaño si carece de plena libertad. La psiquis humana parece tener una capacidad inagotable para convencerse a sí mismo de que lo que quiere, muchas veces con maniobras complicadas de autojustificación. Conseguir un grado razonable de objetividad es un desafío para esta voz, especialmente cuando hay serios conflictos entre el Yo Inventado y el Yo Creado. Por eso es importante intentar escuchar con objetividad lo que pide las voces personales, pero recordando siempre la necesidad de buscar armonía con las otras voces (espirituales, externas). Algunos elementos que influyen en la voz personal son:

a. Claridad del propósito de la vida (Vocación, Ideal Personal)
b. Conocimiento de sí mismo (fortalezas y debilidades)
c. Aceptación de sí mismo (objetividad y prejuicios)
d. Deseo de formarse (disciplinas de autoeducación)
e. Profundidad de la vida espiritual (madurez en la fe)
f. Conciencia y sensibilidad a la gracia (receptividad)

Cada uno de estos recursos juegan un rol en el discernimiento y en la interpretación de las otras voces (voces espirituales, voces de otros). La interacción entre estos recursos personales entona la voz personal. Como proyecto de reflexión, ¿cuáles serían algunos otros recursos que moldean o interfieren con la voz personal?

Discernimiento de Voces: Las voces espirituales

Si las voces personales dependen de los recursos innatos, las voces espirituales dependen de predisposiciones. En el contexto de este modelo de discernimiento, las voces espirituales son las más precisas, pero también las más difíciles de captar y comprender. Las predisposiciones esenciales que componen la habilidad de captar voces espirituales se presentan a continuación:

La primera disposición es la fe en la providencia divina, que es otra forma de expresar la necesidad de la fe y confianza en Dios que comunica mediante los acontecimientos y las causas segundas libres. Esta disposición para el discernimiento se refiere al grado en que tenemos fe en que Dios conducirá y revelará lo que es mejor para para cada persona. Claro, muchas veces las percepciones obtenidas mediante las voces espirituales suelen ser contraintuitivas, serendipias, y sorprendentes. Pueden parecer demasiado lejos de las expectativas personales como para creer que vienen de un Dios que se preocupa por nosotros. Sin embargo, es la fe la que nos permite confiar en la bondad de Dios lo suficiente como para emprender caminos que parecen estar más allá de la "zona de confort" (en inglés, "comfort zone"). El movimiento hacia el entendimiento de las voces espirituales a menudo nos lleva fuera de nuestras cómodas expectativas y hacia el misterio más profundo del propio ser en el que encontramos nueva vida y esperanza.

<u>La profundidad de la vida de la oración</u> es una segunda disposición. Se refiere al hecho de que Dios a menudo nos habla "en susurros" (las gracias ordinarias), tal como le habló a Elías (1 Reyes 19, 9-13). Es mediante la oración que nos conectamos con las indicaciones divinas; a través de la oración también permanecemos conectados con la conducción hacia las realidades del ser que de otra manera podrían permanecen ocultas. Nuestro Señor siempre está con nosotros y presente ante nosotros. A menudo somos nosotros los que estamos distraídos, inconscientes y semiconscientes, pensando más en nosotros mismos en lugar de reconocer la presencia Divina. Mientras permanezcamos así, nos resulta difícil detectar y escuchar las suaves indicaciones del Espíritu. En esas circunstancias, el discernimiento se vuelve inefectivo. En la oración, el discerniente se esfuerza por ser receptivo, manso, y agradecidamente cada vez más consciente de la presencia de Dios. A medida que eso ocurre, uno más entra fructíferamente en los movimientos suaves a la vista. En el contexto de la Alianza de Amor, igual ocurre en el diálogo con la Santísima Virgen.

<u>La imagen y el grado de relación con Dios</u> es la disposición que nos llama a examinar críticamente nuestras imágenes de Dios. Es común haber desarrollado una imagen de Dios como joven. Pero si esa imagen permanece estática, puede no estar sirviendo bien a las necesidades como adulto. A veces acomodamos a Dios para que se ajuste más a nuestras expectativas y a nuestra necesidad de control. El autor Kerry Walters (2001, pp. 27-40) ilustra algunas imágenes equivocadas de Dios que afectan la realización del ser:

Dios de la lógica: Este es el dios de la claridad y de la mente. Él proviene de un desagrado de la ambigüedad. Lo implícita es que Dios debe ser claro sobre todo en todo momento. Dios se convierte en un pensamiento abstracto, una idea más que un encuentro. Como tal, Dios se vuelve seguro, satisfactorio, predecible. Se reduce la función de la fe, especialmente cuando contradice la lógica. Entonces indicaciones divinas con relación al "ser" (Ideal Personal) fuera de la zona de confort se aceptan, pero con gran dificultad.

Dios de las experiencias: Este es el dios de los sentimientos intensos y la experiencia extraordinaria. Dios existe sólo en la medida en que pueda ser experimentado intensamente y a menudo. Este dios domesticado es una experiencia, pero una experiencia que en todas partes es emocionante y coreografiada de manera segura. La coreografía es importante porque aumenta la experiencia de Dios y al mismo tiempo lo mantiene predecible. Se subestiman las gracias ordinarias y experiencias espirituales cotidianas. Se hace difícil integrar el Ideal Personal a la vida diaria con solo experiencias religiosas intensas.

Dios de las leyes: Este es el dios que obra por medio de mandatos y prescripciones. En este dios se buscan leyes claras y precisas que no permiten ambigüedad o excepción. Este dios es el codificador cósmico, el contable celeste, el censor consumado. Este dios domesticado nos dice exactamente qué hacer y qué no hacer. La honestidad se define por fidelidad a una lista inflexible de tareas. La fidelidad se mide por la adhesión inquebrantable a una lista interminable de reglas. Sin embargo, la búsqueda y madurez de la vocación (Ideal Personal) y el obrar del Espíritu Santo puede quedar "enjaulado" por una obediencia ciega a leyes y mandatos.

Dios de logros: Este es el dios que se interpreta solo mediante éxitos. Las experiencias de fracasos se excluyen del diálogo. El negocio, transacciones, y la eficiencia son sus virtudes cardinales. Como resultado, este dios goza de amplia una popularidad en economías avanzadas. Los devotos no tienen tiempo para teologizarse de manera poco práctica o para gastar insensatamente la energía que se podría usar mejor. Lo que cuenta para ellos es la cantidad: cuántos comités de iglesia funcionaron, cuánto dinero recaudado, cuántas ancianas ayudaron a cruzar la calle. El peligro aquí es querer cuantificar (convertir en números) lo incuantificable y enfatizar la misión del Ideal Personal, pero no tanto el "ser" (En referencia a las dimensiones del Ideal Personal).

La imagen deseada de Dios es el que ama hasta el extremo. El amor de Dios es íntimamente personal y profundo. Él nos conoce a cada uno mejor de lo que nos conocemos a nosotros mismos. Su amor es un amor sin límites, que no tiene principio ni fin. Esta experiencia del amor de Dios caracteriza el cristianismo y la distingue de todas las otras religiones en el mundo. ¿Por qué Dios nos ama? Es por lo que Él es: "Dios es amor".

La cuarta disposición es una <u>sensibilidad a los medios ordinarios de la gracia</u>. La vida espiritual es básicamente el arte de estar atento a la interacción con el mundo sobrenatural; es la disciplina de estar consciente de la interactividad divina-humana. El mayor obstáculo para nuestro desarrollo personal es que vivimos lejos de esta realidad en la vida diaria. Una imagen que ilustra esta condición es el órgano de doble teclado. Para alcanzar una plenitud de melodía hace falta usar ambos teclados: el superior que representa el mundo sobrenatural, y el teclado de abajo, representativo del mundo natural. Nos envolvemos tanto en nuestros hábitos y rutinas ruidosas que dejamos a un lado los medios ordinarios de la gracia como soluciones obvias a nuestras insatisfacciones y oportunidades de crecimiento.

La conciencia y la sensibilidad hacia la gracias ordinarias nos permite estar abiertos a la conducción del Espíritu en nuestra vida. La gracia de Dios nos llama a amar más, escuchar más, y dar más. Con ello nos educamos hacia la idea de que las suaves indicaciones del Espíritu resultan en una actitud constante de gratitud y conciencia. Esta disposición permite que la Fe Práctica en l Divina Procidencia no quede como algo teórico, sino que nos conduce hacia la Santificación de la Vida Diaria.

Discernimiento de Voces: Las voces de otros

El discernimiento para el Ideal Personal es la búsqueda de la voz de sí mismo, la voz de Dios, y las voces de otros. La profundidad y el carácter de nuestras relaciones con otros nos informan sobre la condición de nuestra madurez espiritual y emocional. Estar en relación con Dios y otros nos apremia a estar conscientes del otro y a permanecer despiertos para el otro. Obtener estas voces implican un diálogo con otros, pero especialmente con el cónyuge y la familia, con la comunidad de formación, la vida parroquial, y las voces de la Iglesia Universal.

Para las personas casadas, el diálogo con el cónyuge es fundamental para tener un discernimiento significativo, pues se cuenta con las gracias del Sacramento Matrimonial, especialmente si el tema del discernimiento envuelve a ambos o a toda la familia. Es una voz que contiene verdades, pero también son verdades difíciles de aceptar.

Otras voces significativas son los padres, hermanos (as), abuelos (as), padrino (as), un profesores o entrenador, u otras personas que conozcan bien a la persona y esté profundamente preocupada su bienestar. La conexión entre la persona significativa y la persona que está discerniendo debe ser de amor y mutuo respeto. Esta persona, sin importar la relación, conocería a la persona que se percibe a un nivel profundo, más aún si la relación tiene carácter religioso. De esta manera, la voz de la otra persona es capaz de reflexionar y medir con rezo con un diálogo caracterizado por honestidad, integridad y amor. Un diálogo como este reflejaría inevitablemente las suaves indicaciones del Espíritu y ayudaría así a la persona a notar ángulos que quizás sean menos evidentes o que validen observaciones previas.

Como movimiento de formación mariana, es imprescindible reconocer la voz de nuestras comunidades, especialmente la voz de las comunidades de formación (los grupos). La voz del grupo suele ser indirecta para evitar estorbar la armonía comunitaria, pero se espera que también esa voz este a tono con nuestra pedagogía y espiritualidad según va avanzando los procesos de maduración. También las voces del movimiento a nivel de sus estructuras originales, diocesanas, y nacionales tienen la capacidad de ofrecer "voces" que facilitan ver alternativas imprevistas o validar caminos ya decididos.

El diálogo con la parroquia incluye a los párrocos y asociados que a menudo pueden ser una fuente de orientación y acción apropiado. Las personas que han crecido en la práctica de discernimiento en sus propias vidas pueden ser indispensables para quienes buscan sabiduría en circunstancias difíciles.

La voz de la Iglesia suele ser necesario cuando el discernimiento implica una pregunta sobre la participación de una persona en una vocación formal de la Iglesia. Ya sea posible alguien como un sacerdote, diácono permanente, religioso o religiosa, laico comprometido, ministro de juventud, director de formación de fe o director de administración, es siempre recomendable hacer este diálogo con personas que tienen experiencias tratando con estas vocaciones. Incluso fuera de estas situaciones, uno puede beneficiarse de la sabiduría de otras personas experimentadas en asuntos de discernimiento (por ejemplo, el director espiritual). También la Iglesia Universal tiene voz mediante sus pronunciamientos y proclamaciones, especialmente en circunstancias históricas especiales donde situaciones del entorno pueden afectar adversamente una decisión, como es el case de las presiones que surgen a raíz de una pandemia.

Objetivo del discernimiento de voces: Armonización

Las trece diferentes voces de este modelo de discernimiento podrían producir una cacofonía que impida claridad. Sin duda es improbable que las voces actúen simultáneamente y es poco probable que todas las voces proporcionen una perspectiva unificada. Sin embargo, de alguna manera tendrán que ser armonizadas.

Discernimiento implica mucho más que adoptar la visión de una mayoría o matemáticamente promediar los elementos comunes de las voces ofrecidas. El desacuerdo requiere una aplicación de la sabiduría para obtener nuevos conocimientos e ideas. Ninguna fórmula garantizará un resultado óptimo. En consecuencia, las voces del discernimiento se armonizan en la oración, la reflexión y la humildad. Al adoptar una quietud del corazón y aprender a escuchar humildemente, uno empieza a notar las urgencias del Espíritu en las muchas voces del discernimiento. Si, por otra parte, nos permitimos ser impulsados por plazos arbitrarios, límites autoimpuestos y procesos inflexibles, nos quedamos congelados por la falta de libertad resultante y no somos capaces de notar las indicaciones llenas de gracia de Dios.

La metáfora que ilustra la armonización de las voces propias, espirituales, y de otros es la de un conductor de orquestra con coro. La variedad de instrumentos musicales y voces del coro requiere una armonía dinámica que fluye con cada pieza musical. Durante los ensayos, el conductor evalúa y busca lo mejor en el talento de cada persona. Habrá quienes cumplen o exceden las expectativas del conductor, pero también habrá otros que quedan cortos de sus metas. El conductor ha de decidir quiénes son los que al final de los ensayos constituyen los músicos y miembros del coro que mejor armonizan. Así en el discernimiento, la persona que discierne como conductor buscara cultivar lo mejor de cada voz y reconocer las voces desafinadas para así llegar a una decisión armoniosa.

Armonizar las voces de discernimiento requiere que nos liberemos (con la ayuda de Dios) de los grilletes de nuestras ideas preconcebidas y limitaciones autoimpuestas. Lo hacemos con humildad y entregándonos completamente a la gracia de Dios. Tendremos que hacerlo una y otra vez. A medida que aprendemos a liberarnos en y a través de la gracia de Dios, nos volvemos más libres y, por lo tanto, capaces de armonizar las muchas voces en las que nos hablan las urgencias del Espíritu.

El modelo de discernimiento de voces representa un modelo más avanzado que permite un crecimiento en capacidades de discernimiento, no solo pare lograr descubrimientos más profundos relacionados con en el Ideal Personal, sino también como técnica para discernir a la luz divina las grandes decisiones de la vida.

Tercer proyecto: Ideal Personal y la espiritualidad de Schoenstatt

Además de poseer un recurso de navegación como el Ideal Personal, también es necesario comprender y depender de las corrientes espirituales. Así como hay corrientes marinas de varias clases operando simultáneamente en el globo, las cuatro dimensiones de la espiritualidad de Schoenstatt existen a la misma vez en el entorno del Ideal Personal. Para nosotros en Schoenstatt, el Ideal Personal navega las corrientes de nuestra espiritualidad original, que brotan desde cuatro afluentes: La Alianza de Amor con María, La Fe Práctica en la Divina Providencia, la Instrumentalidad Mariana, y la Santificación de la Vida Diaria.

La Alianza de Amor con María

El concepto de Ideal Personal no es único y exclusivo de Schoenstatt. Existen otras formas de expresar el concepto. En años recientes el Magisterio de la Iglesia le ha dado mucho énfasis a este concepto, bajo el título de la "vocación personal". Pero todas estas expresiones tienen un factor común. El factor común es la vocación personal. Así que cuando hablamos de Ideal Personal, estamos hablando de la vocación o llamado y misión que Dios tiene para cada persona con relación al carisma. Por lo tanto, cuando hablamos del Ideal Personal en Schoenstatt, estamos hablando de la vocación personal en el contexto de la originalidad de Schoenstatt. Y la corriente primordial de la originalidad de Schoenstatt surge a partir de la Alianza de Amor.

Para nosotros la Alianza de Amor es la forma original de vivir el compromiso bautismal. Pero la Alianza va más allá de proveer a la Iglesia otra devoción mariana. La Alianza de Amor establece un compromiso permanente con el rol eclesial y bíblico de la Santísima Virgen en la historia de salvación. Es un compromiso con carácter profético ya mencionado en el Libro del Apocalipsis, Capítulo 1. Ella, como Madre y Educadora, tiene el rol de intervenir en el curso de la historia y cambiar la trayectoria. La Alianza de Amor es un compromiso de "dejarse moldear" y "dejarse emplear" por Ella con el propósito de realizar los planes divinos para el futuro de la Iglesia y los últimos tiempos (Parusía). Así que la Alianza de Amor es un pacto de "dejarse moldear" por María con miras a forjar nuevas comunidades y ser "misioneros de cambio" en la realización futura de la Iglesia y el Mundo.

Este pacto de "dejarse moldear" por María con la mira a ser sus "misioneros de cambio" (dejarse emplear) es la corriente primordial de nuestra espiritualidad. Mediante la Alianza de Amor con Ella, compartimos los planes divinos para una época venidera, y mediante

Ella nos dejamos moldear como sus hijos e hijas. Si tenemos la vocación para Schoenstatt, su trayectoria histórica es nuestra trayectoria histórica. Su propósito está asociada a nuestro propósito de vida, a la razón de ser, al Ideal Personal. La Alianza pone a María como madre, educadora, y navegante principal de la vida. Ella es mediación que abre el diálogo y encuentro con Cristo, el medio más rápido y seguro de vivir el contacto vivo y permanente con el Dios de la historia personal. Así que la Alianza de Amor es mucho más que la celebración de una oración personal y una vela encendida frente al cuadro de la Madre Tres Veces Admirable. La Alianza es una dinámica diaria, un proceso de descubrimiento continuo, un proceso de moldeamiento continuo, un llamado de misionero continuo. Si libremente hacemos la Alianza de Amor con María, el flujo del Ideal Personal con esta corriente es ineludible. Como dice la pequeña oración de consagración, "...*en una palabra todo mi ser...*" Entrego a Ella lo que sé de mí mismo y lo que aún no sé de mí mismo. Todo mi ser se somete a la corriente primordial de la Alianza.

Proyecto: *Reflexionar sobre las maneras en que el Ideal Personal en la corriente primordial de la Alianza de Amor conduce con naturalidad hacia el Poder en Blanco y la Inscriptio.*

La Fe Práctica en la Divina Providencia

La Fe Práctica en la Divina Providencia es uno de los carismas y fundamentos de la espiritualidad de Schoenstatt. El Ideal Personal afirma que fuimos creados por Dios, y La Fe Práctica en la Divina Providencia provee un torrente de conducción diaria. Dios nos interpela constantemente. La Fe Práctica en la Divina Providencia es el diálogo con Dios para mantener el rumbo hacia el Yo Creado y evitar los desvíos y trampas del Yo Inventado por mí mismo. La Fe Práctica en la Divina Providencia es buscar la voluntad de Dios que entrelaza los acontecimientos concretos del gran flujo de la historia con la historia personal.

El Padre Kentenich reconoce tres aseveraciones que explican la Fe Práctica en la Divina Providencia. El Padre Kentenich afirma que es Dios quien gobierna y conduce el mundo y la historia, y que esa conducción ocurre no solo mediante Dios, quien es la causa y razón de todas las cosas, sino que la conducción también mediante causas segundas libres. Dios Padre ejerce esa conducción motivada por el amor a cada uno de nosotros. Cada uno de nosotros nace del amor de Dios y Él nos conduce para que cada uno regrese a Dios. Por el amor íntimo y personal que tiene para cada uno de nosotros, Dios Padre continúa conduciéndonos ineludiblemente hacia su Corazón Paternal. Cada vez que rezamos "*hágase tu voluntad en la tierra como en el cielo*" hacemos una súplica que reconoce esa corriente de conducción hacia la eternidad. El "*hágase tu voluntad en la tierra como en el cielo*" es un ruego personal de responder a las insinuaciones divinas. En el caminar diario y diálogo con Dios Padre no existen casualidades. La profunda fe y confianza en la conducción providencial promueve serenidad ante las angustias y preocupaciones enfermizas en tiempos de tormenta.

En esencia, la Fe Práctica en la Divina Providencia es un diálogo diario y continuo de conducción. El Ideal Personal es en sí un acto providencial de parte de Dios Padre, un acto que idea la trayectoria personal en la historia y ansía la colaboración libre de los dones concedidos hacia el bienestar de los demás. Existo para un propósito creado desde la eternidad, para la eternidad, pero fijado dentro en el tiempo linear del recorrer de las corrientes de la historia. Es el rol de amar a Dios y amar a otros como Dios ama. El diálogo con Dios Padre y sus intervenciones hacia cada persona como causa segunda requieren actos de libertad interior. Y la libertad interior necesaria es una libertad vinculada a Dios, una libertad libre de opresiones interiores y de imposiciones esclavizantes.

El Ideal Personal afirma que fuimos creados por Dios, y la Fe Práctica en la Divina Providencia provee una corriente diaria de conducción, que en forma de diálogo y acción responde al deseo divino de sumar la historia personal con el torrente de la gran historia.

Proyecto: Crear el hábito de reconocer al menos 5 intervenciones al día de la Divina Providencia durante un mes completo (30 días).

La Instrumentalidad Mariana

La Instrumentalidad Mariana es la forma de expresar la tarea que evoca el Ideal Personal. Es una tarea donde nos ponemos en las manos de María para realizar nuestra vocación personal al servicio de la Obra de Schoenstatt y la Iglesia. No se trata tareas inventadas por uno mismo, sino de tareas que Ella asigna. El violín no dice "que bien toco música" ni el piano se dice a sí mismo "que tremendas melodías toco." Ni tampoco el violín puede ser piano ni el piano puede ser violín. Cada instrumento musical necesita fidelidad a su ser, a su músico profesional, y a su director de orquesta para realizar corriente armoniosa de notas musicales. El músico profesional es la Mater y el director de orquesta es Dios Padre. El instrumento es cada uno de nosotros. Para el instrumento es necesario la disposición de estar "afinado" por el músico profesional y permanecer fiel a las características originales del instrumento.

Las dos fuentes más comunes y fácilmente disponibles para estudio y meditación sobre el tema de la Instrumentalidad Mariana es el Cántico del Instrumento y la pequeña consagración. El Cántico del Instrumento se encuentra en el libro de oraciones *Hacia el Padre*. En la pequeña consagración renovamos diariamente nuestra actitud instrumental cuando decimos "guárdame, defiéndeme, utilízame como instrumento y posesión tuya…"

De estas dos fuentes se derivan cuatro principios de la instrumentalidad mariana: a) la predisposición, b) la acción instrumental, c) la protección del instrumento y d) la medida de efectividad del instrumento. Cada uno de estos principios se puede estudiar con más profundidad, pero dada la limitación del tiempo y espacio, solo es posible ofrecer un comentario ligero sobre cada uno de estos afluentes de esta corriente.

A. *La predisposición instrumental:* La predisposición mariana requiere conciencia de ser instrumento y de estar disponible para Ella. Si no me reconozco como su instrumento o, si mi vida esta tan ocupada que no hago tiempo para Ella, entonces la predisposición instrumental es frágil. Hay necesidad de conocerla mejor, de estudiar sobre la vida y el rol de María si se aspira a ser su instrumento.

B. *La acción instrumental:* Si estoy apropiadamente predispuesto, entonces estoy listo para la acción cuando Ella me llame. Esta acción de servicio al otro requiere una vinculación a Ella, pues se trata de ser un instrumento de la obra en sus manos, con Dios Padre como el conductor de la orquestra. Aquí podemos hablar sobre una "Evangelización Mariana" o una Evangelización con un matiz mariano.

C. *La protección instrumental:* Por eso estas acciones instrumentales en sus manos requieren valentía, astucia, y atrevimiento, pues son acciones que se llevan a cabo dentro de unas corrientes culturales hostiles a los planes de Dios. Entonces Ella como Madre y Protectora provee escudo contra influencias dañinas, si así se le pide.

D. *La efectividad instrumental:* Finalmente, Ella nos facilita un recurso para medir cuan eficaces somos como su instrumento. La medida de efectividad está en la fecundidad de la acción. La fecundidad es medida porque consiste en la acción combinada del aliado y de Ella, algo que va más allá de una contribución individual por separado (Resultante Creadora).

El Ideal Personal afirma que fuimos creados por Dios, y contiene tanto la esencia original de cada uno y como la tarea encomendada a cada uno. La Instrumentalidad Mariana es el modo de realizar tareas que surge del Ideal Personal al servicio de Madre y Reina Tres Veces Admirable de Schoenstatt.

Proyecto: Revisar y estudiar el Cántico del Instrumento en el contexto del Ideal Personal. Al rezarlo, podrás ver como cada estrofa está relacionada con estos principios de la Instrumentalidad Mariana. Cada una de las seis estrofas presenta en palabras del Padre Fundador la esencia del ser instrumento de María. Cada estrofa es un tema de reflexión personal para asegurar que los procesos de autoeducación estén alineados con la disposición y eficacia instrumental. ¿De qué maneras cada estrofa resuena con tu Ideal Personal?

La Santificación de la Vida Diaria

La Santificación de la Vida Diaria es la gran meta de todo Ideal Personal. Quiere decir que todo nuestro esfuerzo como persona única y original quiere estar libre y armoniosamente dirigido a realizar en la vida diaria de la manera más perfecta posible, todo lo que Dios ha encomendado. El libro "Santificación de la Vida Diaria" de la Hermana Nailis es un clásico para comprender y profundizar en lo que el Padre Fundador quiere comunicarnos sobre este tema. Vale notar que este libro no solo es un clásico para Schoenstatt sino es además un clásico para muchas otras escuelas de espiritualidad en la Iglesia.

El Ideal Personal origina desde el amor de Dios Padre y es una invitación con sello original a regresar a Dios. Al ser creado como imagen y semejanza de Dios, estamos hechos para regresar a El libremente. El alma creada reclama a su creador. Cada circunstancia de la vida providencialmente nos conduce hacia Él. El amor es una decisión libre y por eso la realización verdadera y completa del Ideal Personal depende de la armonía entre la vida diaria y la fe en el amor divino. El Ideal Personal como instrumento de navegación de cada aliado viene con un sello indeleble que clama "¡Yo quiero ser santo!" El "¡Yo quiero ser santo!" se alcanza cuando fe y vida fluyen juntos. Usando otra metáfora, cuando el ritmo espiritual y el ritmo de la vida diaria se unen en un gran concierto de amor para Dios, entonces uno practica la santidad de la vida diaria.

Según el Padre Fundador, la Santificación de la Vida Diaria consiste en conectar la actividad diaria con el amor de Dios. Es mantener una armonía afectiva con Dos en todo quehacer diario, en las buenas y en las malas. Es la maduración de la fe mediante el Ideal Personal, Una fe madura es la fe que se expresa, se comunica, y se hace carne en todas las circunstancias de la vida. No basta sólo conocer la fe como un ejercicio intelectual. Vivir la fe en los eventos diarios orientado por el Ideal Personal es Santidad de la Vida Diaria. Por eso Santidad de la Vida Diaria es meta y culminación del Ideal Personal.

Para todo Aliado de María en Schoenstatt, la Santificación de la vida diaria es un compromiso ineludible. Ya desde los comienzos en la historia de Schoenstatt, Ella lo exige de cada uno de nosotros. En este punto, Ella no titubea. Es un imperativo de Alianza. Por eso Santificación de la Vida Diaria es un fin que prevalece en todas las comunidades, rama, y organizamos del movimiento. Es la manera que caminamos con Dios y hacia Dios en medio de los vaivenes de la vida diaria. Es un hilo espiritual que conecta los deberes diarios del matrimonio, de la familia, del colegio, y del trabajo con la presencia divina. Es la inspiración que nos hace comprender el sentido más profundo de todo sufrimiento. Es la humildad que sentimos ante los momentos gracia. Santificación de la Vida Diaria es hacer todo lo ordinario con un amor extraordinario.

La culminación del Ideal Personal es la Santificación de la Vida Diaria. Quiere decir que el esfuerzo de todo Aliado como persona única y original está libre y armoniosamente dirigido a realizar en la vida diaria la misión que Dios ha encomendado de la manera más perfecta posible.

Proyecto: Una de las grandes influencias para lograr la Santidad de la Vida Diaria es el dominio de la vida diaria. Si la vida diaria—como una gran corriente— es quien gobierna la vida, entonces habrá fuertes influencias del mundo secular que se opondrán a la Santificación de la Vida Diaria. Por el contrario, si hay momentos y señales establecidos durante la vida diaria que sirven de recordatorio, entonces se abren caminos hacia la santidad. ¿Cuáles son esos momentos y señales establecidos durante la vida diaria que sirven de recordatorios como caminos hacia la santidad? ¿Cuán efectivas son?

Cuarto proyecto: Ideal Personal como principio de armonía

Además de proveer dirección, el Ideal Personal provee armonía, especialmente durante tiempos de confusión y grades desafíos. Pero siendo creados a imagen y semejanza de Dios uno y Trino donde existe perfecta armonía, no debe sorprendernos que como consecuencia fuimos creados como seres ordenados hacia la armonía entre lo natura y sobrenatural. El Padre Kentenich enfatiza la necesidad de armonía entre lo natural y sobrenatural, especialmente la armonía entre trabajo y oración, dos aspectos más comunes de la vida cotidiana. En otras palabras, el Ideal Personal es un principio y razón de armonía, y cuando esa armonía se pierde, surgen consecuencias catastróficas.

Así que el Ideal Personal es razón de ser, pero también es un principio unificador, el lugar del "todo mi ser"—como dice la pequeña oración de consagración—que fue creado y deseado como un "todo" en armonía. Ese "...todo mi ser" es el ámbito donde operan las dimensiones de nuestra espiritualidad original, no como entes separados sino juntos para realizar a plenitud de la vocación a Schoenstatt. La Alianza, la Fe Práctica en la Divina Providencia, la Instrumentalidad Mariana y la Santificación de la Vida Diaria obran como cuerdas de un instrumento musical. Cada cuerda posee características diferentes, pero una vez afinadas, el conjunto produce una melodía armoniosa. De igual manera el Ideal Personal no está separado del Ideal de Grupo o el Ideal Matrimonial sino presentan múltiples facetas de una misma realidad.

Si decimos que la vida fluye como un rio, un cambio que uno quiera hacer en la vida puede tener repercusiones en otros aspectos de la vida. La vida diaria no solo consiste en cuatro o cinco elementos sino de muchos aspectos interconectados. Así tenemos que reconocer las dimensiones de nuestra espiritualidad (La Alianza, la Fe Práctica, la Instrumentalidad y la Santidad) existen entre muchas de las cascadas que vierten en el gran rio que es la vida. Es costumbre estudiar cada uno por separado, pero operan todos a la vez junto con tantas otras cascadas que forman la vida diaria. Así que, al considerar los efectos del Ideal Personal, vale evaluar el efecto que tiene en las varias facetas de la vida.

Proyecto: Se ofrece a continuación un proyecto para aquellos que buscan una manera para fortificar la integración de las dimensiones de la espiritualidad de Schoenstatt en su Ideal Personal.

Para este proyecto es necesario tener frente a sí la hoja de trabajo de los círculos de integración. En la parte inferior del diagrama y basado en la frase (contenido) del Ideal Personal, escriba la disposición espiritual que busca hacia cada una de las dimensiones. Esta actitud puede cambiar con el tiempo y las circunstancias, pero reconociendo actitudes que emanan del Ideal Personal sirven de conducto para vincular cada dimensión más directamente con el Ideal Personal.

Ver el ejemplo ilustrado en la hoja de trabajo a continuación. La frase del Ideal Persona de esta mujer es "Tu hija humilde, sembradora de amor". Para cada una de las dimensiones, ella ha seleccionado una frase que describe su disposición ante cada una de las dimensiones de la espiritualidad.

Hoja de Trabajo
Círculos de Integración

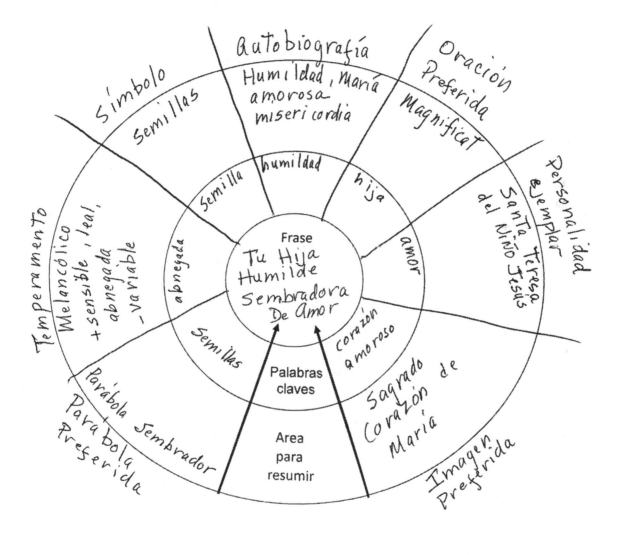

Mi disposición ante las dimensiones de la espiritualidad de Schoenstatt

Alianza de Amor	"Concédeme la fuerza de tu amor maternal"
Fe Práctica de la Divina Providencia	"Me someto a tu voluntad como tu hija amada"
Instrumentalidad Mariana	"¿Dónde quieres que siembra amor?"
Santificación de la Vida Diaria	"Acrecienta en mi la santa humildad"

Cada frase sirve como de "lema" para cada dimensión, pero el denominador común es el Ideal Personal. Nuevamente, estas disposiciones espirituales pueden variar con el tiempo y las circunstancias, pero sirven para orientar cada dimensión más directamente al Ideal Personal.

Quinto proyecto: Ideal Personal y la conducción

Los medios de conducción mediante el Ideal Personal hacen una diferencia entre ser un "líder" o un "dirigente". Por definición, el liderazgo es un proceso en el que una persona influye en otras para que cumplan una serie de objetivos y dirige una organización, de un modo que la hace más coherente y cohesiva en sus objetivos. Por otro lado, el dirigente influye a otros de manera similar, pero sus objetivos se fundamentan en la fuerza de las vinculaciones, posee una perspectiva providencial, y está orientada a una <u>comunidad.</u> Un líder depende de sus capacidades organizativas, de las estructuras, de tareas, de las leyes o principios de su organización, y de asegurar que se cumplan objetivos específicos en un tiempo determinado. El dirigente atiende comunidades y depende de las corrientes de vida, de sus capacidades de avivar esas corrientes, de la salud de las relaciones interpersonales, y de una fe práctica en la divina providencia. El líder es el centro de actividad, el dirigente es conductor de actividad sin necesariamente ser el centro de atracción. Los líderes llevan a cabo sus funciones de influenciar a otros utilizando características de su propia personalidad. El dirigente lleva a cabo sus tareas valiéndose de la profundidad de su vocación personal y llamado (Ideal Personal). El líder cultiva la mente y el corazón de sus seguidores; el dirigente cultiva la totalidad de la persona. El líder *adiestra*, el dirigente *forma*.

El enfoque principal de un líder actividad exterior, es completar tareas y proyectos. El enfoque principal de un dirigente son los vínculos, las relaciones interpersonales, la integración de lo natural y sobrenatural en las vivencia y deseos de la comunidad. Para lograrlo, el dirigente se deja llevar por las corrientes de vida que emergen en su entorno.

La vida comunitaria crece por medio de corrientes de vida, algo así como las corrientes de un rio, porque desde el corazón de Dios Padre el amor surge "desde arriba" como respuesta a las necesidades de las diferentes comunidades. Una corriente de vida es una realidad espiritual-comunitario, y por eso, corrientes de vida son intervenciones del Espíritu de Dios a comunidades mediante lugares y circunstancias concretas. Así como eventos históricos requieren respuestas históricas, corrientes de vida responden a eventos actuales que forjan historia. Por esta razón la frase del Padre Fundador "...oído en el corazón de Dios y la mano en el pulso del tiempo" expresa la sinergia la vida personal-comunitaria y actividad divina.

Es el Espíritu de Dios que incita y anima a las almas de una comunidad a responder hacia una dirección específica. Por ejemplo, con la selección del Papa Francisco, la Iglesia entera sigue la corriente que inspira su vocación hacia la humildad, la misericordia y el cuido de los marginados. También recordamos en años pasados la visita del Símbolo del Padre a varios países y como ese evento—esa corriente de vida—suscitó un apego más profundo al Padre.

He aquí algunos elementos que describen lo que ocurre dentro de una corriente de vida: La vida se enciende por la vida. La vida ocurre entre cauces definidos (tensiones creadoras) y tiene su propio ritmo. La vida se expresa por símbolos, imágenes y frases, pero la vida no puede ser programada, ni puede surgir por medio de edictos.

Dado estas observaciones, es posible componer algunas guías específicas para la formación de dirigentes:

a. Una profunda vida espiritual y sensibilidad a las inspiraciones divinas.
b. Promover un auténtico sentido vida comunitaria con su séquito.
c. Reconocer cuando en la comunidad surge una corriente de vida.
d. Saber conducir (nutrir) al séquito hacia esa corriente de vida.

Cabe recalcar que Schoenstatt es un "movimiento" porque se nutre de corrientes de vida (la irrupción de lo divino en lo humano), y como consecuencia, reconocer, nutrir, y proteger corrientes de vida es tarea primordial de todo dirigente en Schoenstatt.

En Schoenstatt lo primero no son las ideas sino la vida, no son las estructuras sino las personas, no son los organismos sino las corrientes de vida. Por eso la vida se enciende en la vida, es decir, no hay que poner en las personas una estructura previamente ideada sino "leer" la vida y dónde está Dios en ella. El hombre de hoy tiene necesidad de que se valore su vida, de que se valore su personalidad e identidad, no tanto que se le marquen rutas, sino que se le respete por lo que él es y a lo que aspira.

¿Qué significa ser dirigente en Schoenstatt?

El dirigente en Schoenstatt vive a plenitud la pedagogía de Schoenstatt que busca transmitir una experiencia natural-sobrenatural de amor construida sobre la libertad, ayudando por lo tanto a crear un nuevo hombre en una nueva comunidad: totalmente capaz de amar (a Dios, al prójimo y a sí mismo) en una comunidad cristiana (impulsada por un auténtico espíritu de familia). Para alcanzar esta finalidad, el P. Kentenich acentuaba *"cinco estrellas guías"* como rasgos esenciales del sistema pedagógico de Schoenstatt. Estas son:

a. La pedagogía de vinculaciones es parte de la educación al amor que promueve y defiende las vinculaciones a las personas, lugares, cosas, ideas y valores.
b. La pedagogía de movimiento: es dinámica, es decir, el camino a recorrer para alcanzarlo se mueve constantemente para adaptarse al educando en cada momento de su vida., que el crecimiento sano va de dentro hacia fuera, y se genera a partir de la fuerza interior.
c. La pedagogía de alianza: la relación que se da entre educador y educando debe darse en clave de alianza y oración. Educamos también a través de la oración, pedimos por nuestros educandos, los llevamos ante Dios y los colocamos en sus manos. Al mismo tiempo, nuestra historia personal es una historia de alianza en la que Dios mismo interviene como educador.

d. <u>La pedagogía de la confianza</u>: La pedagogía de la confianza es una relación de intimidad y diálogo para captar los intereses del otro, es aprender a escucharle, es respetar su originalidad y su libertad, es despertar sus potencialidades, acentuando sus lados positivos. La fe en lo bueno de toda persona despierta mutua confianza y es la base de cualquier educación

e. <u>La pedagogía de ideales</u>: Los ideales marcan la meta que anhelamos alcanzar. Se trata de poner el alma bajo la luz de un ideal que nos lleve a aspirar a lo más alto, a la santidad, pero siempre desde el reconocimiento, por una parte, de nuestra pequeñez y nuestras limitaciones, pero por otra, de la grandeza de nuestra alma. La pedagogía del Ideal busca conseguir la "mejor versión" de uno mismo, a partir del sello impreso por Dios en nosotros al crearnos.

La pedagogía de ideales es particularmente relevante para aquellos dirigentes que tienen la capacidad de ayudar a otros en el descubrimiento y realización del Ideal Personal. Dentro de la pedagogía de ideales se destacan cinco dimensiones a considerar durante este proceso de ayuda. La tabla que sigue ilustra cada dimensión, la tendencia opuesta a la dimensión, y observaciones específicas para el educador.

Dimensiones pedagógicas del Padre José Kentenich (Ref: Curso pedagógico, 1952)	Observaciones para el educador
Pedagogía de magnanimidad (versus deberes)	--Conociendo la originalidad (capacidades magnanimas) --Multiples formas de aprendizaje --Magnaminidad es apertura al autoconocieminto --Deberes representan minimalización
Pedagogía de actitudes (versus prácticas)	--Continuidad de crecimiento --Saber más o ser más --Fomentar la reflexión perspicaz (insightful) --Enfatizar la necesidad de reflexión y oración
Pedagogía de la humildad (versus inferioridad)	--Manejar limitaciones de manera positiva --Fomentar el deseo de profundidad --Educar para destrezas de discernimiento --Conexión fuerte con lo sobrenatural
Pedagogía de alegría (versus pesimismo)	--Consideración positiva-intuitiva de los impedimentos --Celebrar los descubrimientos y el progreso --Manejar frustraciones durante descubrimientos
Pedagogía de libertad (versus coerción)	--Observar la afinidad entre personalidades --Educar para destrezas de discernimiento --Evitar imponer ideas y procesos

Cualquier persona puede ser un líder si sabe dar órdenes, organizar proyectos, y servir de portavoz. Pero ser un dirigente requiere la destreza particular de atender las diferentes *corrientes de vida* que afecta su séquito.

Proyecto: ¿Qué relación existe entre el Ideal Personal y la conducción? A la luz del Ideal Personal, ¿qué puede hacer un dirigente para el cultivo continuo y más profundo de una capacidad para conducir por medio de corrientes de vida?

Referencias:

Giallanza, J. (2006). Living with discernment in times of transition. *Human Development*, 27(2), 15-21.

Kent, M. R. (1996). *Bringing the Word to Life: Scripture messages that change lives*, Twenty-Third Publications.

Walters, K. (2001). *Soul wilderness: A desert spirituality*, Paulist Press: Mahwah.

Índice de Materia

R

realización 1, 2, 11, 12, 19, 20, 28, 33, 41, 42, 44,
    47, 48, 50, 51, 62, 109, 115, 121, 124, 132, 137,
    139, 146, 152
resultante creadora 44
robo de identidad 50
rompecabezas 97, 98, 101, 108, 109, 113

S

sacramento 28, 33
San Pablo 31, 32, 114, 125
Santidad de la Vida Diaria 11
símbolos 107, 108, 109, 114, 151
sociología 44

T

temperamento 97, 98, 99, 101, 102
Tertuliano 25
Tiempo Creado 31
Tiempo Eterno 31

V

vocación 13

Y

Yo Creado 17
Yo Inventado 17

Printed in the United States
by Baker & Taylor Publisher Services